JN181195

NORIN TEN

稲塚権次郎物語

世界を飢えから救った日本人

稲塚秀孝（映画「NORIN TEN～稲塚権次郎物語」監督・脚本）：編著

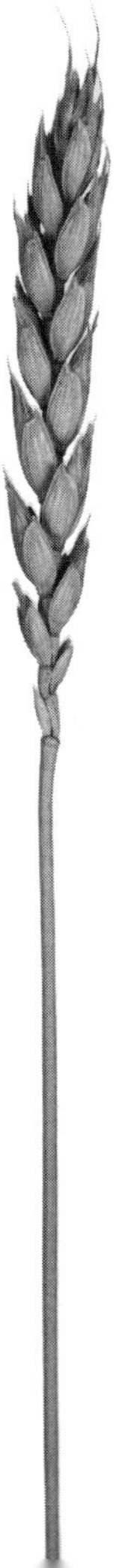

はじめに――　なぜいま「NORIN TEN」なのか？

映画「NORIN TEN〜稲塚権次郎物語」監督・脚本　稲塚秀孝

「農林10号は、さまざまな出会いを重ねながら世界の小麦を変えていった。種子と種子との、そして種子と人との出会いのなかで――それは一粒の種子がもつ限りない可能性を実証しつつ世界をかけめぐり、世界を変えていったのです。農林10号の物語りには、壮大なロマンを感ぜずにはおられないのです」

育種家・稲塚権次郎は、回顧録「米麦とともに70年」のなかにこう書き遺しています。

小麦農林10号が発明されたのは1935（昭和10）年、今年で誕生から80年になります。

1918（大正7）年、農商務省に入省した権次郎さんは、昭和の初め、半矮性《はんわいせい》という背丈の低い小麦の開発に取り組みました。1931（昭和6）年、1934（昭和9）年と相次いで冷害による大飢饉に見舞われた東北地方において、風雨に堪え、栄養をしっかり穂のなかに蓄えるためには、背丈は低い方が有利だと考えたからです。

出来上がった品種は、「東北34号」と名づけられました。東北各地の農事試験場で育種された品種は順番に東北〇号と名づけられ、やがて国の統一番号、登録指定を受ける仕組みができ、広く国内で育成されるようになりました。その後、小麦農林10号と命名されました。

権次郎さんは、1938（昭和13）年に中国・北京郊外にある華北産業科学研究所に異動し、品種改良を続けました。そして1945（昭和20）年8月の敗戦後、中国に2年間留め置かれ帰国が許されなかったころ、彼が育種した一粒の種、小麦農林10号は思いもよらない運命をたどることになります。

１９４６（昭和21）年、日本の小麦の品種に興味を示した進駐軍の農業担当者が、権次郎さんが育てた小麦農林10号の種をアメリカに持ち帰ります。その後、小麦農林10号は、アメリカ産とメキシコ産の小麦の品種と交配されました。インドやパキスタンなどで世界の食糧危機を救うことに貢献し「緑の革命」を巻き起こしたとして、１９７０（昭和45）年にノーベル平和賞を受賞したノーマン・ボーローグ博士が交配した種は、小麦農林10号が基になっています。権次郎さんとボーローグ博士は１９８１（昭和56）年、石川県金沢市で開かれた第30回日本育種学会で初めて対面し、同じ農学研究者として労をねぎらい、固い握手を交わしました。

権次郎さんが亡くなってから再び日本にやってきたボーローグ博士は、権次郎さんの生家近くで、地元の人びとにその功績を語っています。

「権次郎さんが作ったＮＯＲＩＮ ＴＥＮがなかったら、私の研究は完成しなかったし、世界の人びとを救うことはできなかった。すべて権次郎さんのお陰です」

日本人が世界に飛び出して力を発揮することは、簡単ではありません。しかし、映画づくりを通して日本の育種技術が世界標準の礎を築いたという事実を目の当たりにし、その限りない可能性に夢が広がる思いがしました。

私が知る権次郎は、使命感に溢れるひたむきな研究者で、自分の研究がやがて世界の人びとに役立つとは考えていなかったかもしれません。しかし、彼が追い求めたのは、農業に携わる人びとを幸せにすること、そして、大地から得られた恵みの米や小麦を美味しく食べられる幸せを感じてもらうことだったのではないかと思います。そこには、国境を越えて、人が生きること、人が食べることで繋がってゆく、世界の平和と幸福への思いが込められ、その無限の可能性がくっきりと見えてくるのです。

Contents

第1部

稲塚権次郎物語

1 世界を変えた「NORIN TEN」

富山県の片田舎、東《ひがし》砺《と》波《なみ》郡城端《じょうはな》町（現、南砺《なんと》市）西明という地に一人の風変わりな老人が暮らしていました。

その人の名前は稲塚権次郎。外出時には、背広を着用しているときでさえリュックを背負って運動靴をはいています。ひょうひょうとして、駅舎で列車を待つ間に謡曲をうなったり、リュックからこぼれ出たリンゴをまわりの人に勧めることもありました。

１９７３（昭和48）年、76歳のときに妻を亡くして一人暮らしとなった権次郎さんは、15年間にわたる日々を過ごし、１９８８（昭和63）年、91歳で生涯を閉じました。

権次郎さんの逝去から2年の後、一人のアメリカ人がその生家を訪れ、過去にたった一度だけ対面したことのある権次郎さんを偲びながら、大勢の人びとを前にこう語りました。

「稲塚先生の業績は、一人、私のみならず、全世界の人びとが高く評価し、心から感謝しているものであります。多くの国で食糧問題の解決を可能にしてくださったのも、稲塚先生の御貢献あればこそなのです」

その言葉の主は、ノーマン・E・ボーローグという農学博士。１９６０(昭和35)年代に小麦等の高収量品種を中心とした新しい農業技術を開発し、穀物の大幅な増産を指導して世界の食糧不足を改善した功績によって、１９７０(昭和45)年にノーベル平和賞を受賞した人物でした。

博士が聴衆に語りかけた話は、あの風変わりな老人の姿からは想像もできない、壮大なロマンに包まれた最大級の賛辞でした。

富山県南砺市城端町にある権次郎さんの胸像

❶海を渡った権次郎さんの「小麦」

第二次世界大戦が終結して間もない１９４６(昭和21)年2月、アメリカ進駐軍の農業顧問として日本の農業事情の調査に来日していたS・C・サーモン博士が、京都大学にやってきました。訪ねた先は、遺伝子ゲノムの遷移や進化の過程を調査する手法を確立し、小麦の祖先を発見したことで知られる木原均教授という著名な遺伝学者でした。

サーモン博士がとりわけ詳しく質問したのは、日本の小麦研究の成果についてでした。木原教授の話のなかで出てきた「小麦農林10号」に、サーモン博士は強い関心を示しました。

「小麦農林10号」は１９３５(昭和10)年、岩手県立農事試験場に在籍していた権次郎さんが、何年にもわたって交配と栽培を繰り返した末に生み出した小麦の品種でした。

　１９２８（昭和３）年、権次郎さんは埼玉県の鴻巣試験地から配布された、とある小麦の種子を手にしました。それは、「ターキーレッド」という小麦を母とし、「フルツ達磨《だるま》」という小麦を父とした組み合わせによる交配種のＦ４（第４世代）種子でした。権次郎さんがこのＦ４種子をもとに何度も何度も栽培を繰り返していくと、非常に変わった特徴のある小麦ができました。

　母である「ターキーレッド」は、稈長（育ったときの茎の背丈）が約１４５㎝。これに比べて、父親である「フルツ達磨」の稈長は約53㎝と、際立って背丈が低い。この二種の小麦を交配させていくと、背丈が違う子どもたちがいろいろと生まれ出てきました。

　一種類は、母親の「ターキーレッド」と同じように背の高い小麦でした。

　実は、当時世界中で栽培されていた小麦は、この「ターキーレッド」と同様、人の肩ぐらいまではある背丈の高い小麦が一般的でした。そうした小麦は、わずかな風雨で倒伏するなどの問題を抱えていました。

　もう一種類は、背の低い矮性の小麦。そして三種類目が、これらの中間の高さにあたる半矮性の小麦でした。

　「ターキーレッド」と「フルツ達磨」の交配種から生まれたこうした系統の小麦のなかから、権次郎さんは短稈で早熟、しかも品質が優良で耐寒雪害性が強く、穂が大きくて粒の充実が良好という、東北地方での栽培に適した半矮性の良質な小麦を選択していきました。そして、１９３２（昭和７）年に

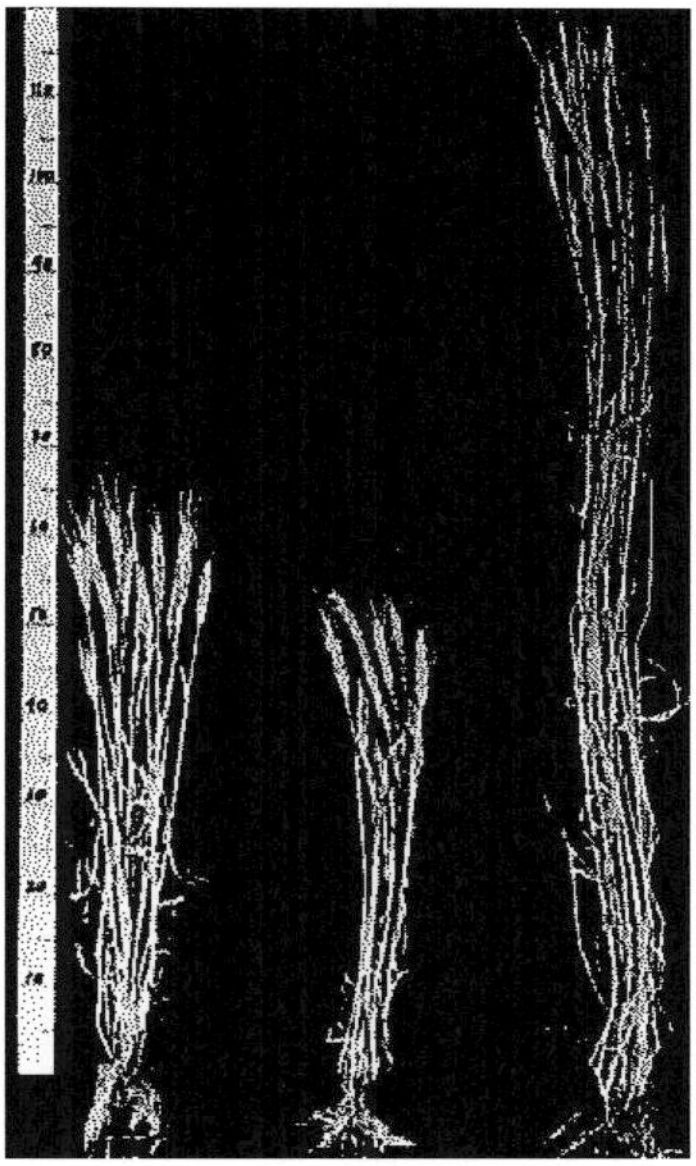

小麦ターキーレッド（右）とフルツ達磨（中）を交配して生まれた小麦農林10号（左）

「東北34号」として新品種決定試験に編入された小麦を、さらに栽培し続けたものが、1935（昭和10）年に「小麦農林10号」と命名されたのでした。

京都大学の木原教授から「小麦農林10号」の話を聞いたサーモン博士は、権次郎さんがその品種を生み出した岩手県立農事試験場へと自ら足を運び、収穫期を迎えていた「小麦農林10号」の実物を目の当たりにしました。

そのとき受けた強い印象を、サーモン博士は22年後の1968（昭和43）年に発表した論文のなかで概略、次のように記述しています。

「盛岡で見た『小麦農林10号』は、十分な肥料と水を施された地面に、50㎝程度の間隔できちんとした列に植えられていた。ところが、このような好条件で栽培されているにもかかわらず、これらの小麦の背丈はわずか60㎝で、倒れる傾向もない。しかも、分けつも多く、たわわな穂をつけているため、50㎝も離して植えてあるのに地面が見えないほどである。

アメリカでは通常、小麦は15㎝から20㎝の間隔で栽培されている。その常識から考えても、『小麦農林10号』は際立った特徴をもつものだった。」

このとき、サーモン博士は日本で品種改良された短稈の小麦15種類とともに、「小麦農林10号」をアメリカに持ち帰りました。これらの小麦は新種の病気や害虫が持ち込まれるのを避けるために1年の間、隔離圃場で栽培され、その後、全米各州に配布されていきました。

このころ、権次郎さんは石川県にある金沢農地事務局で、土地改良の事業に専念していました。日中戦争が始まって間もない1938（昭和13）年に、権次郎さんは岩手県立農業試験場を離れ大陸へ渡りました。そして、第二次世界大戦の期間中を通して、北京の華北産業科学研究所で研究生活を送りました。

この年に開設されたばかりの華北産業科学研究所は、本場が160ha、支場が100haと広大な規模をもつ研究所でした。本場の建物は大小60棟で、耕種、農芸化学、病虫、畜産、林業、家畜防疫、農業利水の7科があり、1941（昭和16）年時点で日系職員だけでも326名が在籍していました。

この大きな研究所で権次郎さんは、大使館を通じて世界中から収集した2000点もの品種の小麦を交配、品種改良を繰り返しました。そして、終戦を迎えた後も中国に徴用されて研究所に残り、多くの業績を残して50歳を迎えた1947（昭和22）年11月、ようやく依願退職して妻とともに帰国することができたのでした。

しかし、帰国後の権次郎さんは育種の仕事に就くことはありませんでした。

権次郎さんは1951（昭和26）年9月、岩手県立農事試験場の記念誌に、戦前の小麦育種を回顧して次のような一文を寄せています。

「(全国で)最も多くの新品種を出した。勿論数の多いのは誇りではないが逐次改良の度を高め、また麺麭《めんぽう》用品種や銹病《さびびょう》抵抗性品種の育成に努力した。私が北支に去って後もこれらの材料の内から相当の優良品種を出したことを承って喜んで居る次第である」

しかし、農事試験場からも、小麦育種の仕事からも離れてしまった権次郎さんにとって、かつて自らが育種した「小麦農林10号」がアメリカの研究者から高く評価され、海を渡り、やがて世界に広がっていこうとしているなど、夢にも思っていないことだったのです。

❷世界を変えたNORIN TEN

サーモン博士が日本から「小麦農林10号」の種子を持ち帰った翌1948(昭和23)年、ワシントン州プルマンにあるワシントン農業試験場の農務省農学者O・A・フォーゲル博士のもとにその種子が届きました。

フォーゲル博士は、その師であるゲインズ博士の影響で、かねてから機械化農業に適する丈の低い品種の育成を目指していました。「小麦農林10号」は、この目的に最適の小麦だったのです。

フォーゲル博士は、「小麦農林10号」を「ブレボア」や「バート」などというアメリカ品種と交配して新品種を栽培していきました。そして、1955(昭和30)年に「小麦農林10号」を使った半矮性小麦の有用性を立証する論文を発表。さらに交配を重ねて、翌1956(昭和31)年には恩師の名にちなんだ新品種「ゲインズ」をつくり出しました。

1961（昭和36）年になって、この「ゲインズ」がアメリカの農家に配布され始めました。これは、市場向けの半矮性小麦としては、アメリカで初めてのものでした。

「ゲインズ」は、農家の手によって栽培されるとすぐにその真価を発揮し始めます。ワシントン、オレゴン、アイダホの各州における1ha当たりの小麦収量が、1962（昭和37）年に8330kg、1964（昭和39）年に9096kg、1965（昭和40）年には1万1196kgへと飛躍的に増大し、世界の注目を集めたのです。フォーゲル博士はその成果を論文のなかで、「（この）小麦の収穫高は実に驚異的だ」と記しています。

「小麦農林10号」を導入したことに始まる小麦の増収は、小麦の大生産地であるアメリカ国内だけに留まりませんでした。

メキシコでは第二次世界大戦中、国内消費量の60％を輸入に頼ってきた小麦の増産が計画されていました。このメキシコ農業研究計画に1944（昭和19）年から参加していたアメリカ出身のボーローグ博士は、独特の育種法によって、耐病性があり、早生《わせ》で肥料にも良く反応する新品種の開発に成功します。1961（昭和36）年には、メキシコ国内で小麦を自給できるところまでこぎつけました。

しかし、このときのメキシコ小麦はまだ背丈の高い長稈小麦でした。そのため、施す肥料の使用量が増加するにつれて小麦が倒伏するようになり、生産高の伸びに限界が生じ始めていました。

一方、の限界を克服するような矮性小麦を求めていたボーローグ博士は、故国アメリカでフォーゲル博士が「小麦農林10号」を使った半矮性小麦の有用性に着目していることを知り、1953（昭和

小麦の改良に貢献した農林10号

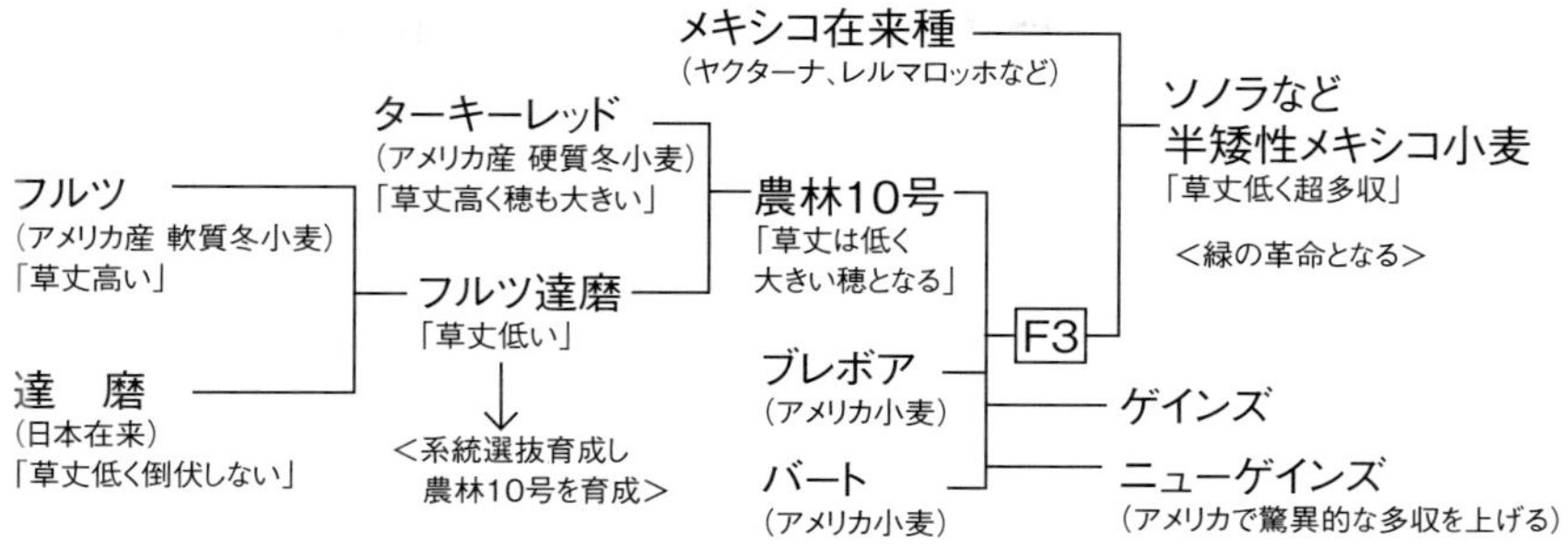

28）年に「小麦農林10号」と「バート」、「ブレボア」との交配種F2をわずかながら送ってもらい手に入れていました。

この交配種F2をもとにボーローグ博士は試行錯誤の末、新品種「ピクティク62」と「ペンシャモ62」をつくり出しました。これらの小麦は、アメリカで「ゲインズ」が実用に供されて高収量を上げていたのと時を同じくしてメキシコ国内の農家に配布され、1963（昭和38）年には「毎年収量が2倍、3倍に上がり、農家は熱狂的に喜んでくれた」（ボーローグ博士）のでした。

一方、アメリカやメキシコで小麦の収穫高が増大しているこの時期、アジアのインドやパキスタンは小麦の大凶作に苦しんでいました。とりわけ、1965（昭和40）、66（昭和41）年のインドの凶作が被害甚大でした。

第二次世界大戦後の世界の食糧事情は、不足や過剰を繰り返し、このインドの大凶作によって決定的な食糧不足を憂慮せざるを得ない状況に陥っていました。アメリカの環境活動家レスター・ブラウンによれば、アメリカの食糧援助がなければ「何百万、たぶん何千万人の飢餓という結果を招き、第二次世界大戦にも匹敵する人類の悲劇」が引き起こされる懸念がありました。

ところが、こうした食糧不足の心配は、数年のうちに世界中から払拭されていくことになるのでした。

1962(昭和37)年、メキシコ小麦が食糧用としてではなく、栽培用の種子として試験的に300kgインドに向けて発送されました。翌年には350tの種子が送られ、その3年後の1966(昭和41)年には、インドは1万8000tの種子をメキシコから輸入しました。

翌年には隣国パキスタンへも、メキシコ小麦4万2000tが送られました。

ボーローグ博士によれば、当時「これは世界中で一国が輸入した種子量としてはまさに空前絶後の大きな量でした。世界の農業史のなかで、いかなる穀物も100tを超えるような種子が、二国間で貿易されるということはありませんでした。ましていわんや、数万tなどということはなかったのです」

この当時、インドとパキスタンは両国の間にあるカシミール地方の領有権をめぐって紛争を起こしていました。米ソ冷戦や中ソ対立の狭間で、両国は食糧危機に陥りました。そこへ、「小麦農林10号」の遺伝子を持つメキシコ小麦の種子が送られてきたのです。

メキシコ小麦が「小麦農林10号」から受け継いだのは、半矮性遺伝子だけではありませんでした。「小麦農林10号」の大きな特徴である、分けつがよくて穂に実る粒の数が多く、耐病性があるという性質も、容易に多くの品種に取り込まれていきました。

こうした小麦が栽培用として大量に運び込まれた結果、パキスタンでは1968(昭和43)年には小麦の自給自足が可能な状況にまで生産力が向上しました。

インドでは、この時点ではまだ自給にまでは至りませんでしたが、小麦の収量が2倍にまで増大したことを示すグラフと、小麦研究所を組み合わせた図柄の記念切手が1968(昭和43)年に発行されるほどになりました。

当時のインド北部では驚異的に小麦収量が増加したため、従来の貯蔵施設だけでは間に合わず、学校の校舎にまで小麦を貯蔵していたといいます。

インド、パキスタンの飢餓を救い、世界の食糧不足への不安を解消したこの出来事は、やがて「緑の革命」と呼ばれて世界中に知られることになりました。

1990(平成2)年に権次郎さんの故郷を訪ねたボーローグ博士は、講演のなかでこう述べています。

「この〝緑の革命〟というのは、アメリカの国際開発機関の故ウイリアム・S・ゴード博士の1968(昭和48)年のレポートから名づけられたといわれています。それは、インドとパキスタンで何かが起きているという報告でした。ほんの数年前までは人びとが飢え苦しんでいたインドとパキスタンに、もはや明日はないと誰もが報告しておりました。ところが、突然小麦の収量と生産に劇的な変化が起きたのです。現在では稲作もそうなりつつあります。フィリピンから新品種が入っていますから。そして彼が『緑の革命が起こっている』と発表したのです。これが〝緑の革命〟という言葉の始まりです」

その後、「小麦農林10号」の交配種はさらに世界中に広まっていきました。1990(平成2)年のボーローグ博士の講演によれば、その時点までに「小麦農林10号」の半矮性遺伝子を系譜に持つ小麦は500種類以上も誕生し、少なくとも50以上の国々に配布されていたといいます。

それらは、品種改良の開発途上国では6000万haの農地で栽培され、先進国であるアメリカやオーストラリアなどでは1500万haの農地で栽培されています。

その栽培総面積は7500万haにもなります。現在の世界全体の小麦栽培面積はおよそ2億2000万haですから、世界の3割は権次郎さんの生み出した「小麦農林10号」の子孫だということになります。

「小麦農林10号」は世界の小麦を変えた品種だという事実は、こうした数字からも読み取ることができます。

ゴード博士がアジアで起こっている小麦の大増収を初めて「緑の革命」という言葉で表現した1968（昭和43）年の8月、オーストラリアで「第3回国際小麦遺伝学シンポジウム」が開催され、ボーローグ博士がパブリック・レクチャーをしました。

博士は、倒伏が障害となって小麦の生産高が限界にきていたが、「NORIN TEN」を利用することで実用に足る矮性小麦をつくることができた、と述べました。

世界の小麦を変えた「NORIN TEN」。しかし、海外の人びとは、日本で生まれた「NORIN TEN」を誰がつくり出したのか、というところまではまだ知りませんでした。そして、権次郎さん自身が、世界の小麦生産の現場で起こっているこの革命的な事実を知るまでには、まだ少しの時間が必要だったのです。

❸貧農の子として生まれて

権次郎さんは1897（明治30）年2月24日、現在の富山県南砺市西明という、山のふもとにある小さな農村のカヤ葺の家に生まれました。生家は貧しい農家でした。普通であれば尋常高等小学校を卒業後は、家の農作業を手伝って働かなければなりません。しかし、勉強が好きだった権次郎さんは、学業を続けたいと思っていました。

権次郎さんの成績の優秀さを見込んだ本家の当主が両親を説得し、権次郎さんは「下校後は家の手伝いをする」ことを条件に、富山県立農学校に進学しました。

権次郎さんは、自宅から農学校までの片道2時間の道を、毎日歩いて通いました。このころのことを権次郎さんは後に、「このお陰で足が丈夫になり、歩いている間の行き帰りに予習や復習ができて勉強ができたもんです」と語っています。

二宮金次郎の教えに共鳴し、登下校中も教科書を手にして勉学を欠かさなかった権次郎さん。どんなときにもリュックを背負い、両手を自由にしておくという後の姿は、農学校時代に形作られたものなのでしょうか。

後年、権次郎さんは品種改良に没頭する余り、過労で仕事中に倒れることがしばしばありました。猛烈に研究や勉強に熱中する性格は、すでにこの農学校時代から見られました。県立農学校での学業成績は、1年から3年まで主席で通したほど優秀なものでした。

その成績を評価され、地元の侯爵から銀時計を拝授した権次郎さんでしたが、卒業後はやはり家の農業に専念せざるを得ませんでした。

尋常小学校時代の権次郎さん（真ん中）

しかし、ここで権次郎さんの人生を大きく左右する出来事が起こります。卒業後、権次郎さんは農学校時代の恩師である堀口宣治先生から1冊の本を借りて、農作業の合間に読んでいました。その本の題名は『種の起源』。生物学者ダーウィンの記した、有名な進化論の本でした。

この本から受けた衝撃的な印象を、後に権次郎さんはこう回想しています。

「それを読んでみると非常に面白いんですね。とにかく、地球上の生物がだんだんと原始動物から進化していく経路を書いた、有名な進化論の本でした」

優秀な成績で農学校を卒業し、家業を手伝いながらも進化論に熱中する権次郎さんの姿に感銘を受けた堀口先生は、自身の母校である東京帝国大学農科大学農学実科へ進学することを勧めました。権次郎さんにとっては、願ってもない話でした。

しかし、さらなる進学には両親が強く反対しました。その年の9月には末の妹が生まれ、9人家族となった稲塚家。貧農の家計にとっては、東京進学など考えられる話ではありませんでした。

それでも権次郎さんは、進学をあきらめませんでした。東京の大学に進んでもっと農学を究めたいという願望を、捨てきれませんでした。

後に末の妹は、このときの話を権次郎さん自身からこう聞かされたといいます。

「堀口先生や、本家の当主さんが〝権次郎がこんなに泣いて頼ンもん、出いてやってくれ〟と、大反対だった両親を説得したがやそうです」

両親の許しを得た権次郎さんは、翌年の受験に向けて再び猛烈な勉強を始めました。小学校の臨時教師として勤めながら、5年制の中学校に通っている学生なら習う2年分の英語のハンデを克服するため、自習をしながら、わからないところは、週に一度ぐらい農学校の先生たちの自宅に出向いて習う日々を送りました。

こうして翌年、権次郎さんは筆記試験にも、続いて行なわれた農学実科の農業実習にも合格し、1914（大正3）年、東京帝国大学農科大学農学実科の学生となりました。

県立農学校の堀口先生は、権次郎さんの合格を祝してハガードが著した『丁抹《デンマーク》の田園生活』という本を贈呈しています。この本は、当時の最先進農業国である農業事情をルポしたイギリスの出版物を邦訳したものでした。農学に邁進する権次郎さんへの、堀口先生の期待が込められた贈り物だったといえるでしょう。

一つの夢をかなえた権次郎さん。ただ、この時点で故郷の家に残った男手は父親ただ一人。あとは女手ばかりとなってしまいました。自分のわがままを通して両親には申し訳ないことをしたという思いは、権次郎さんの心に後々まで強く残っていったようです。

後年、亡くなる父親の死に目に会えず、さらに母親を亡くした権次郎さんは、こういう言葉を記しています。

「私に勉強させる気になったのに、母には永い間一人暮らしの苦労をかけ、昭和41年4月24日、92歳で亡くなられた。妹には若くて亡くなった千代の他、とよ、かずえ、たまの、花枝の4名あって、たまのは盛岡女学校を卒業させたが、みんな苦労をかけた……」

向学心に燃えて農学実科へと進学した権次郎さんが最も力を入れて学んだのは、メンデルの遺伝学でした。明治時代に日本に伝えられたメンデルの遺伝学をもとに、権次郎さんが入学する前年には、東京帝国大学の外山亀次郎教授が世界で初めて蚕のハイブリット品種をつくり出しています。当時の日本にとって養蚕は一大産業であり、メンデルの法則を応用した品種改良の技術がいち早く取り入れられていました。

さらに、権次郎さんが農学実科に入学した翌年の1915(大正4)年には日本育種学会が創設され、翌年、学会の依頼で永井威三郎博士が日本で初めてメンデル遺伝の論文を邦訳しました。

権次郎さんは富山時代に堀口先生からダーウィンの「進化論」の本を借りて読み、外山教授からメンデルの実験遺伝学を学び、育種学を学んで後には永井博士のもとで品種改良の道に進んでいきました。

権次郎さんはこの時点で、20世紀の幕開けを飾る最新の農業科学、生物学に触れ、知識と技術を身につけていったのでした。

❹「育種とは何か」をつかむ

こうして学問に打ち込む青春時代を東京で過ごした権次郎さんが、大学の農学実科を卒業したのは1918(大正7)年。日本中が「米騒動」で大揺れになった年でした。

同じ年、小麦の研究で世界に貢献することになるもう一人の青年が、北海道帝国大学を卒業しています。小麦の祖先、タルホコムギの発見などで知られる木原均氏。後に京都大学教授となり、終戦後に訪れたアメリカ進駐軍農業顧問のS・C・サーモン博士に「小麦農林10号」を紹介した人物でした。

後年、木原教授は朝日新聞の「わが道」という連載欄に、次のような回顧録を載せています。

「私が北海道大学を卒業した1918(大正7)年は、小麦の研究にとって記念すべき年でもあった。北大の坂村徹博士が小麦の正しい染色体数を発見したからである。この年から小麦の研究が新しい時代を迎えた」

東京帝国大学農科大学農学実科の卒業写真

その1918(大正7)年に21歳で農学実科を卒業した権次郎さんは、東京の北区西ヶ原にあった農商務省農事試験場に就職しました。

卒業に際して、東京帝国大学駒場の農場長は権次郎さんに、別子銅山への就職を勧めました。しかし、植物相手の仕事を熱望していた権次郎さんの心情を汲み取り、農事試験場を紹介してくれたのでした。

農事試験場に入った権次郎さんは、麦や朝顔の遺伝について場長のもとで研究をしたり、3年前に設立されたばかりの日本育種学会の全国講習会のノートを借りて勉強するなど、研究を深めていきました。

権次郎さんはこの試験場でずっと育種を勉強するつもりでいましたが、わずか半年余り後の同年12月、徴兵検査で甲種合格となり石川県金沢の歩兵第35連隊第5中隊に入隊することになってしまいました。

　軍隊時代の記録は残っていませんが、権次郎さんも背嚢《はいのう》や鉄砲をかついで何十㎞も歩いたりする軍事訓練の日々を過ごしたのでしょう。１年間の軍隊生活について、権次郎さんは後にこう回顧しています。

「生涯に於ける貴重な経験でした。今の人達にはわからない尊い経験をしました」

　丸１年の軍隊生活を送り、１９１９（大正８）年11月いっぱいで除隊となった権次郎さんは、再び農事試験場への職場復帰の辞令を受けました。ただし、今度は入隊前までいた東京ではなく、秋田県大曲にある陸羽支場への就任でした。

　当時の農商務省は、東京西ヶ原の農事試験場を本場として、秋田の陸羽支場、大阪の畿内支場、熊本の九州支場の３カ所に支場を設置していたのです。

　権次郎さんは、再び育種の世界へ戻っていきました。

　22歳で陸羽支場に就任した権次郎さんは、ここで約7年間にわたって米の育種に携わります。着任早々、品種保存のために袋掛けをして採種した１３０種類ほどの米の特性調査を行ない、その変異と相関関係を計算。46種類の米の来歴を調べて記録するなどしました。権次郎さんがその生涯をかけることになる育種という仕事の、原点になったともいえる時期でした。

　研究や調査を通して、権次郎さんは米について二つのことを確かめたと思われます。

　一つは、米の収量が多いとはどういうことか。二つ目は、当時の日本の地域別の稲の特徴は何か、ということでした。

米の収量についていえば当時は、「大粒の種子を用いれば収量も多くなる」という説と、「小粒の品種の方が収量は多くなる」という二つの説が対立していました。権次郎さんは調査の結果、収量に一番関係の深いのは粒の大きさよりも穂数であること、草丈の高いものは倒伏してしまい収量が上がらないことを確認しました。

また、東北地方では晩稲は冷害にあいやすく、当時の東北地方の中心となっていたのは早稲品種でしたが、これらは草丈が高く、穂の数が少ないので収量が上がらないことも確認しました。

熱心に研究にいそしむ権次郎さん

着任してすぐにこれらのことを実際に見つけ出した自信が、権次郎さんを品種改良に向かわせる原動力となったことは間違いありません。

陸羽支場では、寺尾博という技師が様々な品種の米を交配して東北地方に適した米をつくり出そうと研究していました。そして、耐病性があって多収の「陸羽20号」と、食味の良い「亀の尾」を交配して1913（大正2）年に新しい品種の米をつくり出していました。この米はさらに10年以上を経過した1924（大正13）年になって「陸羽132号」と命名され、秋田県の奨励品種になりました。

昭和時代の初めへと続くこの時期、東北地方は冷害と凶作続きで農民は塗炭の苦しみのなかにいました。1931（昭和6）年は冷水害、32（昭和7）年も不作、33（昭

良質水稲品種の基礎を築いた農林1号

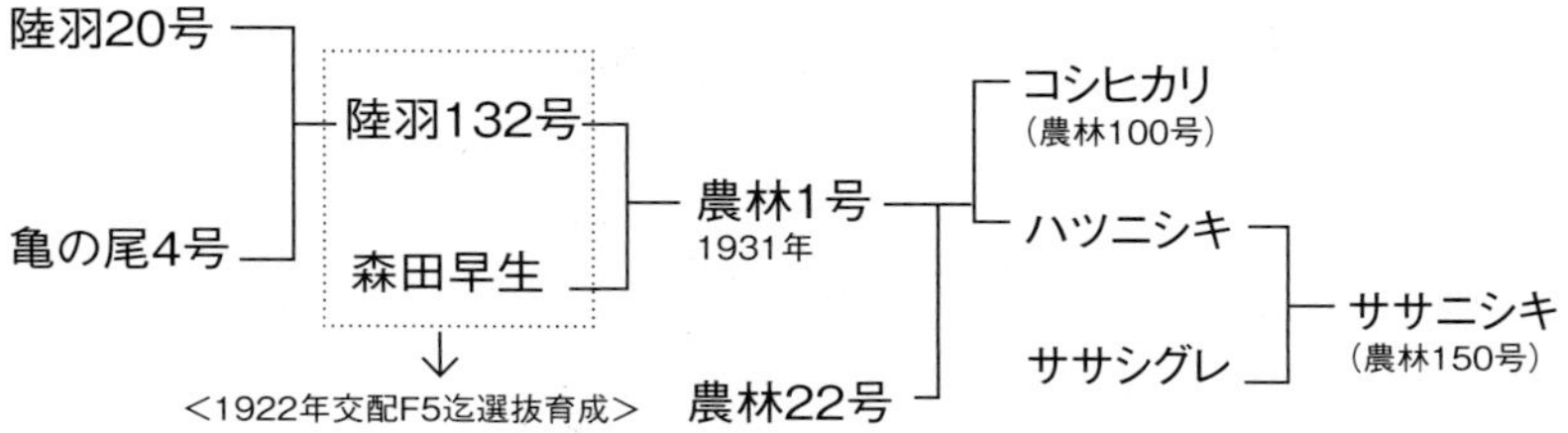

和８）年は豊作になりましたが、逆に米価が急落して農民は「豊作貧乏」と呼ばれました。続く34（昭和９）年は大凶作、35（昭和10）年もまた平年以下の作柄の年となりました。

１９３４（昭和９）年の大凶作時、農林大臣が東北地方を視察したことを報じる新聞記事は、新品種の米についてこう記しています。

「今回の凶作が、山間部に多くて平坦部に少なかったのは、全く〝陸羽１３２号〟のお蔭であって、もしこれが往年のまま〝亀の尾〟全盛時代だったら、被害は平坦部の大部分にまで及び凶作は今回の十倍近くに及んだだろう」

冷害による東北の凶作を低減し、絶大な功績を挙げた「陸羽１３２号」。寺尾博技師が中心となって品種改良したこの米に、実は権次郎さんも少なからず関わりを持っていました。

１９３３（昭和８）年に岩手県立農事試験場で発刊された『六華会　会報第五号』には、「〝水稲陸羽１３２号〟の生みの親、稲塚技師は作物品種改良の神様であろうか」と書かれています。また、１９６８（昭和43）年に陸羽支場の移転にあたって発行された『大曲70年のおもいで』という記録集には、「稲塚権次郎氏＝〝陸羽１３２号〟完成の蔭の人」という記述があります。

１９２０（大正９）年１月に陸羽支場に着任した権次郎さんは、翌21（大正10）年、すでに交配が進み、品種選抜も終わる段階を迎えていた「陸羽132号」を受け継ぎました。権次郎さんがこれを手がけている最中に東北地方で発生した稲熱病に対して、当時の主流だった「亀の尾」は弱いが「陸羽132号」は強いことがわかりました。そこで権次郎さんたちは多くの障害を乗り越えて、この「陸羽132号」が秋田県の奨励品種となるよう尽力したのでした。

「陸羽132号」を普及させて農家の窮状を救おうとする熱心さのあまり、当時の権次郎さんは「危険人物」と目されていたとも伝えられています。その米は後に大陸に渡り、冷涼な気候のなかで多くの人びとを救うことになります。

陸羽支場での研究と調査の日々が、権次郎さんの育種人生の方向性を形作ったといえます。

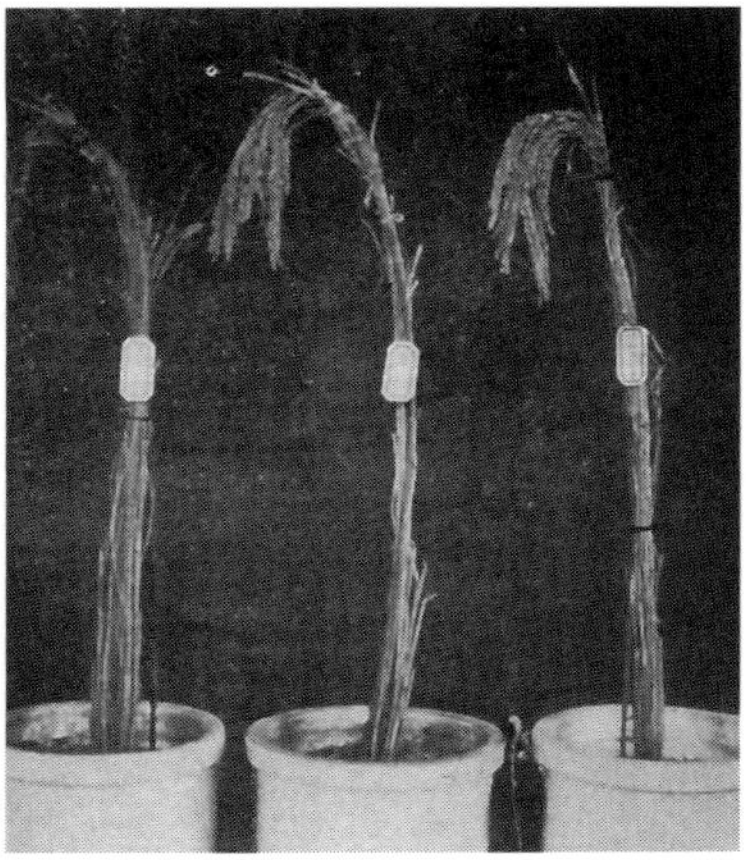

東北の大凶作を救った「陸羽132号」(左)。「陸羽20号」(右)と「亀の尾」(中)を交配させてできたが、権次郎さんは影の生みの親であった。

❺「農の神様」と呼ばれて

1926(大正15)年9月、権次郎さんは岩手県立農事試験場に転勤になりました。技師として与えられた仕事は、小麦の品種改良でした。

この時期、日本の農作物の品種改良事業は大きな転換期を迎えていました。それまで各地の農事試験場でバラバラに行なわれていた研究が、組織的な運営に改められたのです。

新組織では、まず国立の農事試験場で交配を行ない、2〜3年後にその種子を各地の府県立の試験場に送り、その地方に適した新品種に仕上げることとしました。新品種には通し番号をつけ、米なら「水稲農林○号」、小麦なら「小麦農林○号」と命名されていくことになりました。当時の小麦の指定試験地は、岩手を含めて全国に7カ所ありました。その後、1932（昭和7）年に5カ所が増設されました。合計12カ所の試験地が、その地方にふさわしい小麦の新品種をつくろうと努力しました。

この新組織は別の見方をすれば、地方の担当者の力量を白日のもとにさらすものでした。中央から送られてきた雑多な種子を何年にもわたって育てながら、本命の種子を選びぬく能力が求められるのです。しかも、否応なしに新品種の数を競い合う、苛烈な競争になるのでした。

こうした環境のなかで小麦の新品種開発責任者となった権次郎さんは、何を思っていたのでしょうか。当時、農作物の主役は何といっても米でした。秋田でも米の品種改良を手がけてきた権次郎さんにとって、小麦の担当となるのはけっして意に沿うことではなかったかもしれません。

しかし、1933（昭和8）年のとき、権次郎さんは日記に次のように記しています。

「我が邦における小麦の需要は、人口の増加と生活の向上に伴って、近年急激に増加の趨勢を示せるに拘わらず、其の生産は之に伴はざるため、年々多額の輸入を見ています。……小麦の需要は、将来益々増加する許りであるから、若しも国内の生産が、既往の経過を辿るものとすれば、年と共に莫大なる不足を来たし、食糧問題並に国際貸借上、重大なる脅威を与へるに相違ない」

食糧増産のためには、小麦も米同様に収量があがるよう品種改良していかなければならない。そうした意気込みをもって新しい仕事に臨んだ権次郎さんは、最初の年度だけで品種特性調査256品種、品種選抜試験24品種、人工交配試験37品種などを精力的に実施していきました。

岩手県立農事試験場への就任から3年目の1929(昭和4)年9月、権次郎さんたちはついに小麦の新品種第一作を完成させました。その農林省への手続きの様子を、権次郎さんはこう日記に記しています。

岩手県立農事試験場

「小麦新品種配布について本省に申し出づる様知事に上申書を出す。本県の奨励品種として〝東北3号〟及び〝同5号〟を採用する様知事より本省に申し出づる様手続きす」

こうして、権次郎さんたちが品種改良をしてきた「東北3号」は「小麦農林1号」に、「東北5号」は「小麦農林2号」に登録されました。岩手県立農事試験場は、一度に二つの新品種を誕生させたのです。この年、他の試験地からは新品種は出されませんでした。権次郎さんたちが「農林番号の一番乗り」を果たしたのでした。

この新品種「小麦農林1号」と「2号」は、どのような小麦だったのでしょうか。

権次郎さんは「小麦農林1号」についても「2号」についても、「在来の普通品種と異なり稃《もみがら》の表面に繊毛を密集してビロード様の外観を呈している」と記しています。二つとも「ベルベット」という品種を親に持っていることから、そのような表現をしたのでしょうか。

全国に先駆けて新品種を開発したにもかかわらず、権次郎さんはおごる様子もなく、この年の日記の末尾にこう書きつけています。

「試験の方は〝農林1号〟〝2号〟を出した。しかし之から勉強する必要がある。前途打開の必要を感ずる。若き日を過ぎて真面目に勉強の必要がある」

1932(昭和7)年、小麦育種事業は大きな転機を迎えます。農林省が「小麦増殖五カ年計画」を打ち出したのです。この年を初年度とする5年の間に、米との二毛作として小麦の大幅増産をはかり、農家の収益を増加させ、小麦の国内需給のバランスをとり、同時に外貨の節約をしようというものでした。

こうした計画を達成するためには、技術的なポイントが二つありました。一つは栽培方法の改良。もう一つは、小麦の品種改良でした。そのため、小麦の指定試験地は全国で3カ所増設されて12カ所となり、国立の試験地も既設の鴻巣の他に3カ所増設されました。

この年の2月、権次郎さんは前年に続いて小麦の新品種「小麦農林6号」を送り出しています。

その1932(昭和7)年の大みそかの日記には、権次郎さんはこう書き残しています。

「本年は、小麦増殖奨励の大計画に伴ふ東北小麦試験地設置のために奔走し得難き経験をなせり。実に多事多端なりし事よ」

このころ、権次郎さんは小麦の品種改良に情熱を傾けるだけでなく、新たな試験地の候補地選びに尽力し、農業技術講演会で講師を務めるなど東北地方を走り回りました。そして翌1933（昭和8）年、権次郎さんは生涯で唯一の著書となる『小麦栽培法の改良』を出版しました。前年に始まった「小麦増殖計画」の、円満な遂行に資するためでした。

小麦の品種改良をはじめとして、あらゆる面で小麦育種のトップランナーとなった権次郎さん。その権次郎さんを、多くの人びとはこのころ「農の神様」「小麦の神様」と呼ぶようになっていました。

しかし、周囲の賞賛の声にもかかわらず、権次郎さん自身は淡々と研究に励む態度を崩しませんでした。

その無欲な心の内を示すかのように、1934（昭和9）年の日記の末尾に権次郎さんは次のように書いています。

「個人の巧妙は云々すべきに非ず。全体の育種組織の一部一細胞として忠実に働くのが余の立場であると認識すべし。個人の功に就ては、大量無関心なれ」

❻「小麦農林10号」の誕生

1935（昭和10）年10月16日、一心に研鑽を続けてきた38歳の権次郎さんは、ついに「小麦農林10号」を誕生させました。母体となる品種が交配された1925（大正14）年から11年目、権次郎さんが鴻巣の試験地からその後継種を受け取ってから8年目のことでした。

しかしここでも権次郎さんは、その成果を「東北三四号を農林十号に改名の通知あり」とたった1

行日記に書きつけただけでした。

「小麦農林10号」は、稈長わずか52㎝の小麦でした。この背丈の低さは、父親「フルツ達磨」の遺伝子に由来していました。「フルツ達磨」はアメリカ産の小麦「フルツ」を親とする「硝子状フルツ」と、日本古来の「達磨」との交配から生まれたもの。この「達磨」こそが、その名の通り背丈の低い日本産の小麦なのでした。

この日本古来の矮性遺伝子を引き継いだ「小麦農林10号」の誕生によって、かつては人の肩ほどの高さがあった世界中の小麦が、背丈の低い小麦に置き換えられていきます。それが「小麦農林10号」の誕生から30余年後の「緑の革命」となって世界の人びとに衝撃を与えるのでした。

後年、権次郎さんはあるメディアの取材に応えて、「小麦農林10号」を選抜したときの思いをこう語っています。

――「小麦農林10号」という小麦は、どんな小麦でしたか？

「そう、まるで当時の日本の農民のような小麦だったな。背が低くて、頑丈で、骨太っていうのかな。とにかく、いくら穂をつけても倒れないんだ。もともと雪の多い東北地方むけに品種改良したものでね。半年近く雪の下で育っても腐らない強い小麦を目指したんだ。農林十号を選び出していったときの手応えだけは、いまも昨日のことのように覚えているなあ……」

権次郎さんが次々と小麦の新品種を世に送り出していったこの間、1932（昭和7）年に実施さ

小麦畑を見回る権次郎さん（右）

れた「小麦増殖五カ年計画」は、その成果を着々と上げていきました。計画の当初には輸入超過量400万石だった小麦が、1936(昭和11)年には16万石へと激減。小麦は国産でほぼ自給できるまでになっていました。

しかし、『農林水産省百年史　中巻』によれば、「本計画により強化された育種の成果はさらに後年に現れることになるが、当初計画された早熟、良質品種については必ずしも成功したとは言い難ひ」とありました。

東北が大凶作に見舞われた1934(昭和9)年。2・26事件のあった1936(昭和11)年。日中戦争が始まる翌1937(昭和12)年と、日本がまっしぐらに世界大戦に突入していくこの時期、小麦増産の至上命題は生半可なものではなかったのだろうと考えられます。

権次郎さん自身、「ほんとうに改良が進んだのはむしろそれ(農林1号から10号)以後で成果が上がっています」と回想しています。

「小麦農林10号」が世界中から賞賛され、多くの人びとから権次郎さんが脚光を浴びるまでには、まだ長い歳月の流れが必要でした。

岩手県立農事試験場に異動して11年がたった1937(昭和12)年までに、権次郎さんは8種類の小麦新品種をつくり出しています。これは、同時期に3品種を輩出した千葉、新潟、奈良などと比べても群を抜く、圧倒的な業績でした。

けれども権次郎さんは、その功績を誰に褒め称えられることもなく、翌1938(昭和13)年、岩手を後にして中国大陸へと渡っていきます。

権次郎さんたちが手塩にかけ、多くの新品種を生み出した岩手県立農事試験場は、終戦後の１９６３（昭和38）年に移転し、その圃場の面影はいまやどこにも残されていません。

❼種子と人との出会いのなかで

終戦から2年が過ぎた１９４７（昭和22）年になって、ようやく日本へと引き揚げることができた権次郎さんは、その後の10年間を金沢農地事務局で土地改良の仕事に専念しました。ここでも権次郎さんは、「率先垂範」を銘として、部下たちの先頭に立って仕事に打ち込んだといわれています。

そして１９５７（昭和32）年、還暦を迎えた2月15日、権次郎さんは長かった公務員としての生活に終止符を打ちました。定年後に郷里の富山に戻った権次郎さんはさらに、区画整理が遅れている地元の圃場整備など農業の近代化に尽力しました。

この間、戦前に結婚して常に権次郎さんの支えとなってくれた妻のイトさんが、敗戦後の混乱のなかで病み、身の回りの世話を権次郎さんがしなければならない状態になっていました。

そして、１９６６（昭和41）年には、92歳だった母親が亡くなりました。

老朽化した小さな生家に病気の妻とともに二人で暮らし、地域の圃場整備に明け暮れる権次郎さんでしたが、その権次郎さんの知らないところで、世界を変える「緑の革命」は進行していました。

母が亡くなって2年後の１９６８（昭和43）年10月、北陸農政局に勤務する木本貞成氏から一通の葉書が権次郎さんのもとに届きました。

「〝小麦農林10号〟が外国において多く栽培され、世界の食糧危機を救っている」

この葉書に続いて翌11月には、京都大学の山下孝介教授が直接、権次郎さんのもとを訪ねてきました。

この年8月、オーストラリアで開催されていた「第3回国際小麦遺伝学シンポジウム」で、ボーローグ博士が「NORIN TEN」が世界の食糧不足を救っていると報告しました。その話を会場で自ら耳にした山下教授が、手を尽くして権次郎さんを探し出し、知らせに来てくれたのでした。

権次郎さんと妻イトさん

「小麦農林10号」を世に送り出す前年の1934（昭和9）年、日記の最後に権次郎さんは、「個人の功に就ては、大量無関心なれ」と記していました。しかし、そのときから数えて34年後の思いもかけない朗報は、老いた権次郎さんにとっても無上の喜びだったに違いありません。

「NORIN TEN」が世界の食糧不足を救っていると聞かされた稲塚は、日記に「農林十号が世界的に小麦の育種に役立てることを嬉しく思い原稿を纏める」と書き残しています。

それから2年後の1970（昭和45）年、「緑の革命」で世界の食糧危機を救った功績によって、ボーローグ博士はノーベル平和賞を受賞します。

その受賞について、「小麦農林10号」が海を渡るきっかけを作った京都大学の木原均教授は、5年後に次のように語っています。

「一般に、生物学関係の研究は、誰の仕事もみな関連があるので、一人の手柄といえるものは少ない。ちょうどリレー・レースのようなものだ。……私がいつも引き合いに出す例は小麦農林10号(外国ではNORIN TENと呼んでいる)である。この矮性小麦は日本では余り役に立たなかったが、メキシコの緑の革命をやったボーローグ博士の小麦品種改良には一役買っている。この品種のもつ矮性遺伝子なしには、あの大成功は不可能であった。

もうひとつ、アメリカの小麦改良に、このNORIN TENが使われている。ゲインズとニューゲインズの2品種である。これもNORIN TENの矮性遺伝子を入れたもので、農家で1反当たり10石の収量をあげたと報告されている。驚嘆すべき高収量である」

ボーローグ博士のノーベル平和賞受賞から半年後の1971(昭和46)年3月、京都大学の英文誌に、山下教授に勧められて権次郎さんが書いてきた「小麦農林10号」に関する英語論文が掲載されました。論文のなかで権次郎さんはボーローグ博士の受賞に触れ、「品種改良にたずさわった者として、このことは思いもかけない喜びです」と素直に述べています。

この英語論文によって初めて、「小麦農林10号」の開発者としての権次郎さんの「肉声」が、世界に発信されたのでした。

この年の11月11日、権次郎さんは「小麦の品種改良に努めて幾多の優良品種を育成したが特に小麦農林10号は日本国内および外国において交配母体として利用され小麦の品種改良に世界的に寄与した」として、勲三等瑞宝賞を授けられました。

それからさらに10年後の1981(昭和56)年、戦後に再出発した日本育種学会が30周年を迎え、記念大会が金沢で開かれました。この大会にボーローグ博士が来日し、記念講演をすることになりました。記念式典の初日、ボーローグ博士は「作物生産に対する育種の寄与について」と題して講演。翌日には権次郎さんが、「水稲農林一号および小麦農林10号の育成」と題して報告をしました。

講演のあった夜に開かれた晩さん会で、権次郎さんはボーローグ博士と生涯でただ一度の対面をしました。そして、通訳を介して語り合いました。

来日したボーローグ博士と権次郎さん

二人がそこで何を話し合ったのか。どこにも記録は残されていません。しかし、後にボーローグ博士が「通訳を通さず直接話ができなかったのが残念」と述べたように、小麦の育種について、「小麦農林10号」について、二人の間には語り合いたいことが尽きぬほどあったに違いありません。

それから6年後の1987(昭和62)年、いつものようにリュックを背負って運動靴でバイクに乗っていた権次郎さんは、思いがけないところからバックしてきたトラックと接触して倒れ、ひざなどを骨折して入院を余儀なくされる大ケガを負いました。このころから、権次郎さんはまるで死期を悟ったかのように身辺整理を始め出したのだといいます。

翌1988（昭和63）年、91歳になった権次郎さんは「米麦とともに70年」という回顧録を書き残しました。そのなかに、次のような一節があります。

「農林10号は、さまざまな出会いを重ねながら世界の小麦を変えていった。種子と種子との、そして種子と人との出会いのなかで――それは一粒の種子がもつ限りない可能性を実証しつつ世界をかけめぐり、世界を変えていったのです。農林10号の物語りには、壮大なロマンを感ぜずにはおられないのです」

回顧録のなかで権次郎さんはまた、「ボーローグ博士と並んで乾杯したのが、忘れ得ぬ思い出であります」とも書き綴っています。

この回顧録を書き終えてから5カ月後、権次郎さんは波乱に富んだ91年の人生を終えました。

名誉町民受賞式に参加した権次郎さん

権次郎さんの他界から2年ほど後の1990（平成2）年6月、権次郎さんの生家を訪れたボーローグ博士は、集まってきた近郷近在の人びとに向かってこう語りかけました。

「稲塚博士は、幸せな農学者だったと思います。このような素晴らしい美しい環境で生まれ育ったという幸運に恵まれて本当に良かったと思います。

ここに座っておられる皆様方、ほとんどの方が若い方、中年の方ですが、皆様方のご両親、それからおじいさん、おばあさん、その方たちがこのように素晴らしい環境を作られたからこそ、稲塚博士のように立派な科学者がお生まれになったのだと私は思います。

世界の数千万の人たちで小麦を主食としている人たち、いや、数千万では足りませんね、何十億という人たちを代表いたしまして、ありがとうございました。

若い人たちに申し上げたいと思います。星をめざして、絶対に手が届くことはないですが、星をめざして努力をしてください。いいですか、星屑が手につくようになります。今に……」

世界の食糧危機を救った男、稲塚権次郎さんは、故郷で静かに眠っています。

2 稲塚権次郎と私――権次郎の業績に光を当てた千田 篤さんに聞く

世界的な発見をした育種家・稲塚権次郎さんは、1897（明治30）年富山県南砺市城端に生まれました。「陸羽132号」「水稲農林1号」そして「小麦農林10号」の育種に携わりましたが、地元ではその業績はほとんど知られることがありませんでした。

富山市で公認会計士・税理士をされている千田篤さんは、その稲塚権次郎さんの生涯を調べて『世界の食糧危機を救った男　稲塚権次郎の生涯』（家の光協会）という一冊の本をお書きになりました。どのような経緯で千田さんが稲塚権次郎さんを取り上げることになったのか、お聞きします。

稲塚：千田さんが稲塚権次郎さんを知ったのはいつごろですか？

千田：1981（昭和56）年にUターンで生まれ育った富山に戻ることになったとき、地元のことを知りたいと思ったんです。当時富山商工会議所青年部に参加していたのですが、その仲間たちとともに地元富山を活性化したいと、町おこしの企画を立てたんです。

そのときにたまたま農業の本を読んで、稲塚権次郎さんのことを初めて知りました。世界の人びとのためになる仕事をされた方がこの富山にいたんだと、少し驚きました。早速権次郎さんにお会いして話を聞こうと考え、まずご本人に連絡をとりました。1989（平成元）年のことです。

ところが残念ながらもうすでにお亡くなりになっていました。当時権次郎さんがお住まいになっていた南砺市城端町の町役場に尋ねたところ、亡くなったのはちょうどその前年の1988（昭和63）年でした。

ノーベル平和賞を受賞したボーローグ博士

稲塚：では、この企画はあきらめるしかないですね。

千田：ええ、そう思ったんですが……、なぜかあきらめられなかった。

稲塚：千田さんは、どうしてそこまで権次郎さんにこだわりを持ったのでしょうか？

千田：結局権次郎さんとは会えませんでしたが、こんなに素晴らしい業績を持つ人がこの富山にいたことを、県内はもちろん広く日本中に知らせないといけないと強く思ったのです。とにかくそれを実現するよう粘り強く活動しようと……。

そのころ、私は富山県の行政施策「コロンブス計画」という村おこし・町おこしの活動に携わり、富山県内各地を訪ねて情報を集め人脈作りをしていました。自分たちの力で町おこしをしようという使命感に燃えていたということもあるかもしれません。

城端町に何度か通ううちに、相談できる飲み仲間ができ、ノーベル平和賞を受賞したボーローグ博士の研究は、権次郎さんの小麦が基だと話していました。そしたらしばらくして、ボーローグ博士が城端町にやってくるという記事が北日本新聞に載ったんです。驚きました。夢かと思いました。1990（平成2)年に大阪で開催された「花の万博」のときでした。

後でわかったのですが、ボーローグ博士の来日は日本政府の招聘でした。しかし城端町からも誘いがあることが博士に伝わり、富山にも来てもらえることになったというのです。

予定通りボーローグ博士は城端町に来てくれました。博士の講演は農協の大ホールで行なわれ、町民500人で満員となりました。町役場が同時通訳のスタッフを用意して、町民は皆、イヤホンで博士のお話を聞きました。私はドキドキしながら聞きました。こうして稲塚権次郎さんを多くの人に知ってもらうという願いが実現したのです。

稲塚：でもそれでは終わらなかったわけですね。

千田：ええ、ここからが思いがけない展開でした。私は間もなく、付き合いのあった北日本新聞の編集者から依頼され、週に1回コラム「とやまが見える」を書き始めました。歴史小説や近代・現代小説、詩や随筆に登場する「富山」について取り上げました。アメリカの「TIME」誌に富山が取り上げられたとか、「越中ふんどし」を外す話とか、硬軟織り交ぜて富山を紹介していきました。

そのころ、権次郎さんの家を取り壊す話が持ち上がったんです。親族の方は地元には誰もおられませんでした。生家にはたくさんの本が残されていたので、その資料や本は権次郎さんの母校の富山県立福野高校に運ぶことになりました。権次郎さんが明治から大正にかけて、片道12km歩いて通った学校です。

運搬の世話を焼いたのは、当時高校の教頭をされていた和田健さんでした。後日、学校を訪ねたとき、和田さんに誘われて実験室に保管されていた権次郎さんの資料を見に行ったことがあります。そのとき、和田さんにこんなことを言われたんですね。

「千田さん、権次郎さんの資料、整理しませんか?」

稲塚：和田さんから言われて、どうなさったんですか？

千田：1991(平成3)年の8月ごろだったと思いますが、使われていない実験室の片隅にうず高く資料の入った段ボール箱が積まれていて、手がつけられない状態でした。

う～ん、何というか……そのとき権次郎さんのなさってきたご苦労が、いっぱい詰まっているんだろうなと、思いましたね。そこで、自分がやれるところまでやってみようと思いました。まさか、権次郎さんの人生が、こんなに波乱に富んだものだとは知りませんでしたが、何か権次郎さんが、「千田くん、頼む」と言っているような気持ちでしたね。おかしいですよね。一度も会っていないのに……。

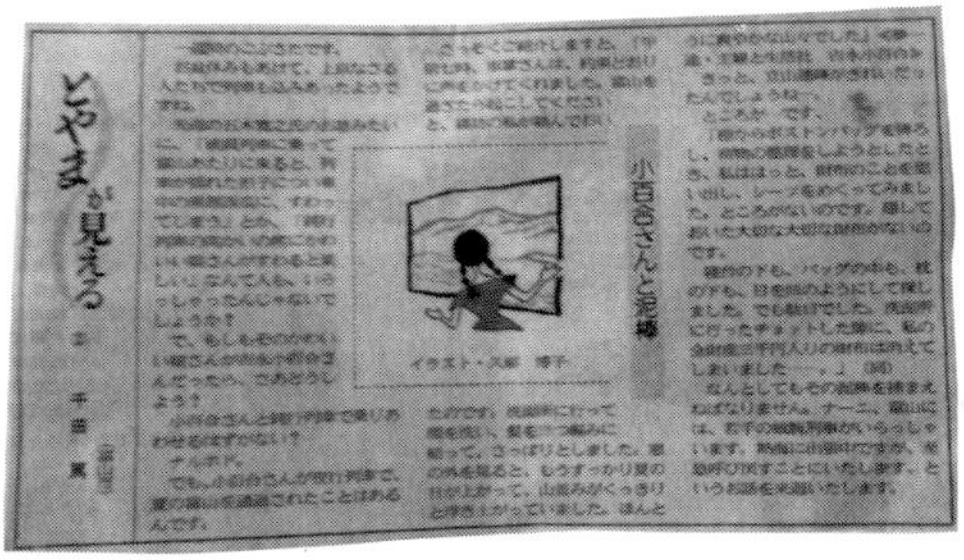
とやまが見える
千田 篤
小百合さんと泥棒

「とやまが見える」の紙面(平成2年8月20日)

稲塚：それが権次郎さんと向き合うターニングポイントだったのですね。最初は何から始めたのですか？

千田：まず、権次郎さんの生涯と社会の動きを比較できる年表を作成しました。権次郎さんの仕事や業績が、その時代のなかでどのように作り上げられてきたのかを知ろうと考えました。

次にその年表をもとに、写真や権次郎さんが書かれた文章、手紙、メモなどの資料を整理しました。普段は会計士や税理士の仕事がありますから、休日を使って調べていました。

そういうことになったのは、コラムを書いていた新聞社の編集局に呼び出され、「何かコラムの次のテーマを持っているか？」と聞かれて権次郎さんのことを話したら、調査費をつけるから「もっと調べてみろ」となったんですね。それで先に話した福野高校通いが始まったんです。戦時中の権次郎さんの動きを知るために北京に行かないか、とも言ってくれましたが、さすがに本業もあるので行きませんでした。

稲塚：千田さんとしては、権次郎さんの生涯にのめり込んだわけですね。

千田：そうですね。期限を決めないライフワークとして調査を始めたのですが、1992（平成4）年夏になって、編集局長からとうとう「稲塚権次郎さんの連載を始めないか」と持ちかけられました。それも「毎日の連載でどうか」と言うので、書けるか、やめようかと逡巡していると、ついに「企画が通ったからよろしく」となり、題名は「いのち悠久」に決まったとのことで、これは大変なことになった、と思いました。しかも「翌年1月から連載開始」と新聞の1面に告知されたので、もう逃げるに逃げられない、やめるにやめられない状況になりました。

稲塚：千田さんがお話しされたように、これは権次郎さんからの依頼のようなものですね。

千田：そういうことになるかもしれません。新聞の連載が始まると一日一日過ぎていくのが早いこと。まず、権次郎さんが長年日記を書き続けていたと聞いていたので、日記を読み直そうと、親戚の稲塚位《ただし》さんに会いに行き、50年分以上の日記を一旦預かり、付せんを貼って整理を始めました。

稲塚：権次郎さんの取材や執筆を通じて、千田さんがこだわった点は何ですか？

千田：一番基本となったのは、権次郎さんの使命感ですね。貧しい農家の長男に生まれて、まわりの農家の貧しさもあり、何とか農家を豊かにしたい、という ね。

　農学校の恩師・堀口先生から託されたダーウィンの『種の起源』で育種家の道をめざすことになるのですが、育種の力で農家を必ず豊かにできると、「夢」に向かって突き進む生真面目な性格ですね。晩年に父母に対して「親不孝だった」と悔やんでいたと聞きましたが、両親の愛があったから育種の仕事を続けられたと思っていたのだと思います。その一途な人柄に触れたことが大きかったですね。

それからもう一つは、宮澤賢治さんの存在ですね。昭和初期、権次郎さんは岩手県立農事試験場で小麦の育種に取り組みます。前任地の秋田では「陸羽132号」という稲を完成させたのですが、賢治はある文章のなかで「陸羽132号」は寒冷地東北に適した稲だと絶賛しているのです。きっと賢治と権次郎は接点があったのではないかと思います。

ただ賢治の文章からも、権次郎の日記からも、お互いの名前が見つかっていません。でもいつかきっと見つかると信じながら、気長に調査を続けています。

また、私のまとめたものを農協の出版部門である家の光協会から『世界の食糧危機を救った男　稲塚権次郎の生涯』として出版していただけたことは幸運でした。

聞き手　稲塚秀孝

千田 篤（せんだ・あつし）

1949年富山市生まれ。公認会計士、税理士。1973年に早稲田大学第一政治経済学部卒業後、銀行勤務などを経て、1981年に公認会計士として独立、現在に至る。1990年8月から「北日本新聞」にコラム「とやまが見える」を50回にわたり連載。1993年1月から「北日本新聞」に「いのち悠久～稲塚権次郎の物語」を111回にわたり連載。

1996年4月『世界の食糧危機を救った男　稲塚権次郎の生涯』（家の光協会）を刊行する。

稲塚権次郎回顧録

「米麦とともに70年」——日本における小麦の育種

米の育種とその育成者たち

はじめに

私が農林1号の交配と第5代までの選抜育成を図ったのは、国立農事試験場陸羽支場でしたから、先ず米の育種として陸羽支場のことを述べたいと思います。

陸羽支場は、明治29年に、今の大曲市花館(花館村)にある農林省農事試験場(東京都西ヶ原)の支場で、私が始めて赴任したのは大正8年の年末でした。当時、支場として残っていたのは、ここと大阪府柏原市の畿内支場との2カ所だけで、何れもわが国の主要食糧である米麦の育種に大きく貢献した所であります。私が赴任した当時の支場長は加藤茂苞さんでした。先ず、着手すべき仕事についてお伺いをしたところ、品種の特性調査から始めたら宜しかろうとのことでしたので、品種保存として袋掛をして採種した１３０種ばかりの品種について、特性調査を行い、その変異と相関関係を計算しました。当時の陸羽支場には、わが国で始めて純系淘汰を始められた寺尾 博先生が欧米視察からお帰りになって、野鳥の生態調査で有名な仁部富之助さんの所へお出でになりますので、系統選抜や標本作成などについてご指導を受け、永井荷風の兄永井威三郎さんが「日本稲作講義」を著されたのにご協力申上げました。

私は大正3年に富山県福野農学校を出たのですが、3年間受持の堀口宣治先生からダーウインの進化論を拝借して読み、先生の勧めで東京帝国大学農科大学農学実科に入学し、外山亀太郎先生が蚕で遺伝研究をなされ、メンデルの遺伝法則を教えられ、育種学を宗 正雄先生から学んで育種の基礎知識を養ったのですが、当時の農場長原 熙先生から西ヶ原農事試験場の安藤廣太郎先生のもとに見習として入場させて頂いてご指導を受け、場長古在由直先生にもお目にかかりました。これら諸先生のご指導と郷里で父竹次郎から農作業を習ったことが、私の米麦70年の基礎となっているのです。

陸羽１３２号

「陸羽１３２号」は陸羽支場で種芸主任寺尾　博と助手仁部富之助とが中生愛国の純系「陸羽20号」と「亀の尾４号」との交配によって育成されたものであります。

「亀の尾」は全国屈指の米どころ、山形県庄内平野大和村（現余目町）の阿部亀治が、明治26年に近くの谷沢村（現立山町）の「冷立稲（ひえたてとう）」の中から変り株を発見して育成したもので、その時阿部亀治は26歳でした。また、この年は冷害凶作の年でもあったのです。「冷立稲」は「水口稲」ともいわれ、田に水が流れ込む水口に植えられる。「冷立稲」は同年の冷害には殆んど実が入らず青立になっていました。その中に黄金色に稔った3本の穂をみつけて育てたのです。稲に限らず植物にはよく突然変異が起こるのです。

庄内平野の農民はいまでも米つくりには非常に熱心です。当時、亀治も篤農家で村の指導者として先頭に立って乾田化や馬耕の普及につとめておりました。「亀の尾」はこれまでの常識を破って、早熟多収、良質で東北の稲作に大きく貢献した画期的な品種でした。秋田県の酒が旨いのは「亀の尾」があったからとさえいわれております。

「亀の尾」の特性は「陸羽１３２号」から「農林1号」そして「コシヒカリ」、「ササニシキ」と引き継がれていて、食味の改良にはこの「亀の尾」の遺伝子が殆んど例外なく使われているといってよいと思います。

「愛国」の特徴は、特にイモチ病抵抗性が強く、そのうえ、稈が強くて倒れ難い。ただ米の質が悪く食味は良くない。「陸羽20号」は中生「愛国」の純系であり、この「陸羽20号」と「亀の尾４号」との交配から生まれたものが「陸羽１３２号」なのです。

品種選抜試験は岩渕直治さんが担当していたのですが、大正10年から私が後を引受けることになりました。この組合せには、特に優秀なものが多かったし、概して「亀の尾」よりも晩生のものが多かったようです。ただ、「陸羽１３２号」になった系統だけが出穂期・成熟期ともに同程度で収量も大差がなかった。ところが私が引受けた大正10年に穂首イモチ病が発生して「亀の尾」は2割減収したが「陸羽１３２号」は殆んど減収なく、同12年には更に激しい発生のため、「亀の尾」は4割減収しましたが「陸羽１３２号」には減収が無かったのです。このことが農家の注目を浴び、種子配布願が殺倒して、1人1匀《いん》（一升の百分の一〔0・018リットル〕）宛しか配布できない状態でした。

水稲農林1号

大正末期から昭和初頭にかけて、国の試験場は主な農作物について交雑育種法による品種改良の全国的組織を整えました。

大正時代の品種改良は、純系分離法が主流であったが、在来品種の中の変異を見つけて固定化する純系分離法では思うように優良品種ができなかった。全く別な品種を交配して、それぞれの長所を取り込もうとする交雑育種法に比べ純系分離法はどうしても劣るものでした。

大正の中頃を過ぎて、交雑育種法の技術が徐々に確立され、軌道に乗るようになってきました。その成果が「陸羽132号」に現われたのでしたが、当時の育種組織は国と県とがばらばらでした。中でも県の育種体制は国に比べて、技術者や施設面でひどく劣っていました。また、立地や気象・土壌などの条件が地域によって異なり、国で育成した品種が必ずしも地方に適するとはいえなかった。

そこで国立農事試験場の安藤廣太郎さんと種芸主任の寺尾 博さんが中心となって育種の組織化を進めたのです。国立農事試験場を頂点に全国を9つの生態区に分け、それぞれの中心となる県の農事試験場に農林省指定の試験地を併設することになった。安藤廣太郎さんは明治4年に兵庫県に生まれ、日本の作物学の基礎を築いた人で、とくに育種学の確立に貢献された方です。彼はまた、日本古代稲作史の研究でも名高く、昭和31年には文化勲章を受賞しています。

この指定試験地は大正15年に小麦、続いて昭和2年に水稲、4年陸稲、5年ナタネと次々と実施されていきました。

水稲指定試験地制度は、先ず、中枢の国立農事試験場の鴻巣試験地（埼玉県鴻巣市）と奥羽試験地（旧陸羽支場）で組合せ交配し、雑種第3代まで育成します。次いで北海道、宮城、新潟、埼玉、岐阜、兵庫、島根、高知、熊本の各県農事試験場に併設された農林省指定水稲育種試験地が第2次中枢となって、先の両試験地から第3世代の配布を受けて、それ以降の選抜を進めて新品種を育成します。

第2次中枢で選抜中新品種になる見込みのあるものを各県農事試験場に送って現地適応試験を行います。成績が良ければ各県農試は奨励品種として採用し、その品種の種子を増殖して普及にうつします。このような育成組織は国立農試を頂点とするピラミッド組織に編成替えをされたのです。

この制度ができてからは、指定試験地で育成された新品種はすべて国に登録され、農林番号がつけられることになったのです。その指定試験地は有望な系統に、例えば宮城では「東北○号」兵庫なら「近畿○号」と系統名録つけて各県農試に配布します。各県農試はその中で優秀なものをその県の奨励品種に採用しますが、採用が決まると、育成した指定試験地にその旨を連絡します。そこで指定試験地は農林省に申請して、農林省は新品種登録審査会を開いて審査して、合格すれば農林番号をつけることにしました。しかし、農林52号以降は「コシヒカリ」とか「ササニシキ」などと片仮名をつけることになったのです。県が独自で育成した品種は「日本晴」とか「こしにしき」のように漢字か平仮名を当てて区別しております。

新制度のもとで農林番号のトップとなったのは、「農林1号」であり、新潟県農事試験場農林省指定試験地で昭和6年に主任技師並河成資さんの手で育成されたものです。昭和60年までに育成された農林登録品種は277に達しています。

私は大正11年に「森田早生」と「陸羽132号」とを交配して第5代までの選抜育成を図りましたが、同年岩手農試の小麦地方試験に転じましたので、心残りでした。

「森田早生」は民間育種の盛んな庄内平野の産で短稈多蘖型中の最早品種で「陸羽132号」との交配で両品種よりも早い系統が殆んど揃っていましたが、穂首イモチ病抵抗性については「陸羽132号」と比べて劣るように思われ、並河さんにご注意申し上げました。

育種家にとって品種改良の共通したねらいは多収で倒れにくくて、しかも良質なものをつくることにあります。それに食味のよさが加われば願ってもないこと。育種家は味は少し落ちても多収で耐病性、耐倒伏性のあるイネがほしいのです。ですから、味は非常に良いが倒れ易く、病気に弱いイネと耐病性、耐倒伏性のあるイネのどちらを選ぶのかと問えば、殆んどの育種家が後者を選ぶと答えるでしょう。

小麦農林10号の育種をめぐって

小麦農林10号

岩手県立農事試験場は、岩手県盛岡市の南郊本宮村にあって、昭和元年秋から農林省委託小麦育種地方試験を併置されることとなり、その試験地が柴波郡飯岡村飯岡新田に設置されることになった。私は同年9月に陸羽支場を辞めて赴任し、農林技手浅沼清太郎氏、助手菊池猛雄氏、藤巻竹千代氏、農夫男1人、女6人と共に従事しました。私の前に東大農学部農学実科の同窓波多腰武君が、同地で雑穀馬鈴薯試験（後に川上幸次郎氏担当）を同7年から実施していましたので、私の赴任前に試験地の選定や整地を終っていましたので、支障なく小麦を播種することができました。

昭和6年に小麦農林1号、同2号、同11年までに農林6号、同10号、同14号、同27号の6品種を出しましたが、昭和10年に出した小麦農林10号が半矮性小麦として世界の小麦を改良する育種源となったのであります。

鴻巣試験地から雑種第3代系統の配布を受けて、その後の系統育成選抜を行ったのであります。同3年にターキーレッド×フルツ達磨の種子6系統の配布を受け、半矮性型が粒の充実も比較的良く、2年目には30系統ほど栽植しましたが、結局半矮性から農林10号、そのノーマル型から同2号を選定することになりました。この2品種を用いて栽培条件（施肥量（多中少）播種量（密中粗）の組合せ）で適応試験を行い寺尾　博先生提唱の精密試験法で行いましたが、先生が育種学会（イタリヤ）に出席して欧米を廻って帰国された時、これだけの試験は欧米でも見られなかったとほめられました。

昭和10年に出した農林10号は、岩手と山形両県の奨励品種となったのですが、当時山形農試の種芸主任佐藤富十郎さんは西ヶ原種芸部で御指導に預かった同窓の先輩でしたが、山形県は養蚕が盛んだから桑園の間作に適するだろうとのことでした。

この品種は国内では短稈で葉数が同じなためウドン粉病の発生が多く、多肥栽培では却って減収する傾向があるのと、後に育成した新品種よりも耐寒耐雪性が劣るため余り普及せずに後退してしまいました。

終戦後マッカーサー元帥が進駐され、進駐軍農業顧問サーモン博士は、農林10号の種子をもらい受け、この種子をアメリカに持ち帰りアメリカに渡った。それからワシントン州プルマンにある農科大学附属農場で農務省の育種家であるフォーゲル博士は地元の小麦ブレボアとアルベート種を農林10号と支配し「ゲーンズ」「ニューゲーンズ」という小麦の新品種を作った。「ゲーンズ」は農林10号に似た背の低い小麦だが、10a当たり1409kgという驚異的な収穫量を記録する。アメリカ小麦の平均収量が200kg前後だから人々が驚くのも無理はない。この収量は今だにレコードとして残っているという。「ゲーンズ」の高収量性は実験圃場だけでなく個々の農家が反収1000kgを超える収穫をあげていたことによっても実証されています。

農林10号の育種素材としての素晴しさには目をみはらせるものがあり、海外の関係者たちは、競い合うようにして農林10号の種子を取り寄せる。現在、アメリカ小麦の90％以上が農林10号の血をひいているという事実を種子の専門家たちは認めております。このアメリカ小麦を私たちは輸入してパンやウドンとして食べているのです。

奇跡の遺伝子

これほどまでに農林10号が育種素材として、もてはやされた理由はなにか。その秘密はその特長として表現している背丈の低さにあるのです。それではなぜ、この背丈の低さが求められるのか。そこに近代農法という栽培技術の変革が顔をのぞかす。作物の収量を飛躍的に伸ばすのに、肥料と適度の水が大きく物を言う。化学肥料と人工灌漑施設の発達がそれを可能にした。問題はその農法に適合した品種を育成することです。それに病気にも強い。小麦の大敵といわれる黄銹病に対する抵抗性をもっていたのだ。こうした近代農法に欠かせない優れた遺伝子が農林10号という1粒の種子のなかに組み込まれていたのです。

緑の革命とその限界

ボーローグ博士の手により農林10号を母体としたメキシコ半矮性小麦が誕生し、緑の革命として一世を風靡した。ここではその実態をもうすこし世界的な規模で検証するとともに、その今日的課題を明らかにしたい。先ずそのすさまじい勢いの普及ぶりです。今日メキシコ半矮性小麦とその子孫の種子は世界の4分の1に近い数字になっているのです。

インドでは穀倉地帯のパンジャブ地方を中心にメキシコ半矮性小麦が急速に普及し、生産を伸ばしていった。そして早くも1970年にはインド全体の小麦収穫量は導入前の2倍ちかい2000万ｔを記録した。倉庫に入りきらない小麦が野積にされている写真が世界中の新聞にのり、ボーローグ博士のノーベル平和賞に花を添えた。

パキスタンでもメキシコ半矮性小麦の導入により小麦の自給ができるようになった。メキシコ半矮性小麦の片親であるターキーレッドの故郷トルコでの成功が注目されています。トルコの穀物生産量は、この10年間に2倍の1800万ｔになった。いずれにしろ一時期とはいえ、緑の革命がアジア西南部の人々を救ったのは歴史的事実であります。

昭和58年10月7日金沢市で開かれた育種学会30周年記念大会に際しボーローグ博士夫妻が招かれて参加され私もお遇いする機会を得ました。ＮＨＫでもこの実況を報道され、懇親会で盃をあげて乾杯した喜びは感銘深いことでした。私は博士に城端銘菓水芭蕉（縄ヶ池畔に群生）と陛下の御製（短冊）を差上げました。

続・小麦農林10号の育種をめぐって

小麦農林10号について

この品種は、岩手県立農事試験場に設けられた農林省委託小麦地方的試験によって選定され、昭和10年に命名登録されたものであります。

昭和43年8月オーストラリアで開催された第3回小麦遺伝学会シンポジウムでこの品種が半矮性小麦の育種源としてアメリカ、メキシコ、パキスタン、インド、トルコ等において画期的な成果を挙げていることが報告され、Norin10-Japanese dwarfと称し、世界的注目をひくようになった。

小麦農林10号の育成と日本における実績

●交配母本の由来

小麦農林10号は「ターキーレッド」を母とし、「フルツ達磨」を父とした交配から生まれたものであります。

フルツ達磨は明治25年以前に、ターキーレッドはやや後れて米国から輸入したものと判断されます。

フルツ達磨は国立農事試験場で、達磨を母とし、硝子状フルツを父として、大正6年に交配され、系統まで栽培されていた。達磨は関東地方の代表品種白達磨で、硝子状フルツは元来粉状のフルツから分離したものと判断されます。

鴻巣試験地で大正15年に組織的小麦育種事業に着手するに当たり、愛媛県立農事試験場で、それ以前から小麦の人工交配が行われていたので、その材料の送付を受けました。

「ターキーレッド×フルツ達磨」のF_2種子もそのうちに含まれ、昭和1～2年に同試験地でF_2の栽培と選抜が行われた。

同2～5年にF_3～F_6系統が岩手の小麦地方試験に送られ、そのうちから小麦農林10号が生まれたものです。

●育種目標

「ターキーレッド×フルツ達磨」の育種目標は、愛媛県立農事試験場では、銹病抵抗性大にして短稈・早熟・品質優良な品種の育成としていました。

●岩手小麦地方的試験における選抜経過

昭和3年に配布を受けたF_4 12系統のうち、3系統から10％程の矮性型が分離された。F_7 5系統から「小麦東北34号」として新品種決定試験に編入するとともに関係県に配付して各県における適応性を確かめた。

一方系統栽培を更に継続してF_{10} 5系統のうちから鴻系1895号－8－2－6－4を選んで、昭和10年に「小麦農林10号」と命名、農林省において登録され、岩手・山形両県の奨励品種に採用されました。

●岩手小麦地方的試験における生産力の検定

昭和6~7年には未固定系統生産力検定試験、同8~9年には新品種決定試験に編入して生産力検定を行った。耕種法は一般農家に準じて畦巾60㎝、播幅13㎝としたが、新品種決定試験では、施肥量と栽植密度の組合せによる9条2件区制で行った。圃場は地力の最も均一な場所を選び、肥料は1畦毎に秤量して均一に施用し播種板を用いて所定の間隔に2粒播とし、間引と補植によって所定の栽植密度を保たせ、各個体が均一に発育するよう、精密栽培に準ずる取扱いを行った。その結果、寒雪害の少なかった昭和7~8年の多肥区は農林1号よりも減収したが、その他の試験地は何れも増収であった。

●栽培条件に対する適応性の検定試験

施肥量は、基本肥(堆肥のみ)、少肥、標準肥、多肥、倍肥の5階級、栽植密度は50、100、150、200、250株の5階級の組合せによって、半矮性型の農林10号と正常型の農林14号の2品種を用いて行った。その結果小麦農林14号(正常型)は小麦農林10号(半矮性型)に比べて、稈長が2分の1位であるのにも拘わらず、葉数が同様であるため、多肥栽培では白渋病の発生が甚だしく却って減少する傾向を示した。

小麦農林10号の海外における育種的貢献

●アメリカ合衆国

アメリカにおける小麦の栽培面積は、約2225万8千haで、小麦年生産高は3266万2千tであります。10a当たりの平均収量は約170kgで、日本よりも34kg低い。

アメリカ農務省は、農作物種子の世界的な蒐集を継続的に努力されてきており、すでに1万7千にのぼっているといいます。

昭和21年に米国農務省から日本占領軍に農業顧問として来日されたサーモン博士が、小麦農林10号ほか15品種を米国に持ち帰られた。そして、次の年に各州の小麦育種家にこれを配付された。

北米で農林10号から半矮性小麦を発展させる最初の小麦育種家は、ワシントン州ブルマンにあるワシントン農業試験場の農務省農学者フォーゲル博士であった。

農林10号×Brevor(ブレボア)、農林10号×Baart(バート)を含む一連の交配がブルマンにおける州と連邦の協力小麦研究グループによって行われた。

●メキシコ

メキシコ農業協力計画が開始されたのは昭和38年です。メキシコの主要食糧作物は玉蜀黍が最も多く、当時小麦は27万5千t(全消費量の約

図❶　メキシコにおける半矮性小麦の育成

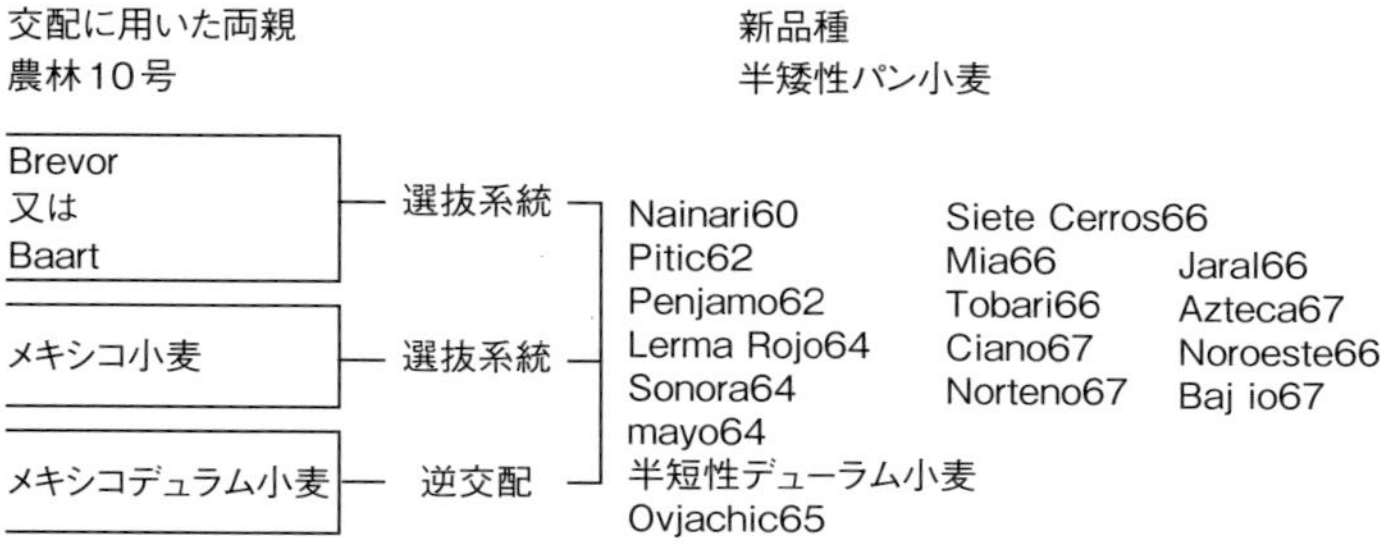

55%）輸入されていたが、小麦は最近20年間に増加して、玉蜀黍の約2分の1となった。秋播栽培であるが春播性であります。土壌は脊薄で金肥を用いず、国の平均収量は10a当たり75kgであった。

昭和19～20年に小麦育種計画が樹てられたが、最も良い長稈品種でも、窒素肥料を8kg以上施せば倒伏するので、農家の収量は10a当たり450kgが限界であった。

昭和28年にフォーゲル博士から「農林10号×ブレボア」のF2数系統のわずかな種子を受取った。翌29年にはこの矮性系統とメキシコ小麦との交配は失敗に終ったが、翌30年の第2回の試みが成功した。

「農林10号×ブレボア」に由来する半矮性小麦は、同時に多分部分的連鎖と思われる一群の因子—各小穂の稔実粒数の増加と分けつ数の増加を導入した。

また半矮性パン小麦から半矮性デュラム小麦に逆交配を通じて全部そのままに移すことができたから、農林10号の半矮性因子がAおよびBゲノム上に存することが明らかになった。

昭和36年に始めて「ピディック62」と「ペンジャモ62」が農家に配付されて、倒伏のため滞っていたメキシコの収量限界450kgの障壁を破った。最良の農家は10a当たり500～600kgから700～800kgさえも収穫し始めた。この影響は昭和38年からメキシコ小麦生産統計にあらわれております。

昭和38年にメキシコ「とうもろこし・小麦改良センター」が、ロックフェラー財団とメキシコ農務省との協力機関として設立せられ、同33年に改組されて国際機関（CIMMYT）として発足し、その主要な財政援助はロックフェラー・フォード両財団から提供を受け、主として小麦と玉蜀黍の増産に関して世界中の国々を援助することを目的としております。この小麦改良計画の指導はボーローグ博士です。これまでメキシコ半矮性小麦の導入について援助した国はパキスタン、インド、アフガニスタン、アルゼンチン、ローデシアで、その他デンマーク、グワテマラ、アメリカのカルフォルニア等にも導入されております。

表❶　メキシコ小麦増産状況

年次	栽培面積（千ha）	10a当たり収量（kg）	生産高（千t）
昭和10	500	75	330
25	625	90	600
30	790	110	860
35	842	142	1,200
38	787	220	1,800
42	860	279	2,400

　昭和41～45年にメキシコから中近東の国々に送られた小麦種子の数量は、８１０００ｔにのぼり、船による輸送種子としては、世界で初めてのことでした。この種子による作付面積は約８００万haにのぼっているということです。

●西パキスタン

　西パキスタンの主食は小麦で、その作付面積は５００万haを超え、全耕作面積の３分の１を占めております。また、その３分の１以上はかんがい栽培です。小麦の平均収量は平年作で10ａ当たり80kg程度で日本の３分の１程度に過ぎません。従って小麦の生産量は４００万ｔ程度で、１人当たり１００kgに満たず、毎年アメリカ、カナダ等から50万ｔ程度を輸入しております。

　西パキスタンは昭和39年に小麦作改善促進計画を開始した。昭和40年にメキシコから「ペンジャモ62」と「レルマ・ロジョ64」の種子３５０ｔを輸入してこの事業を始めました。昭和41～42年にメキシコ半矮性小麦が新技術体系によって栽培された多くの畑で10ａ当たり５００kgの収量が得られた。

●インド

　インドは約１千３百万haの面積から１千乃至《ないし》１千百万ｔの小麦を生産しております。昭和40年頃、印度農業研究所において生理学的・病理学的・化学的・農学的試験が綿密に行なわれた。その結果「レルマ・ロジョ64」と「ソノラ64」の2品種が昭和40年の中央品種選定委員会で、灌漑地域の栽培用として認定されました。「レルマ・ロジョ64」は黄銹病に対し高度の抵抗性をもつ品種で、矮性の1因子をもつ軟質小麦です。「ソノラ64」は、玉蜀黍―小麦、馬鈴薯―小麦、稲―小麦等の輪作によく適した早生種で、矮性の2因子をもち、倒伏抵抗性最強の品種として大いに普及しています。しかし11月中旬に播種すると黄銹病に感受性となりますから黄銹病の大発生する地域には勧めるわけにはまいりません。この品種は6～8本の分けつを生じ、その全部が同時に抽穂成熟する特性をもっており、このことが施肥、灌漑を有効なものにしております。

小麦農林10号が世界の小麦を変えた

●ボーローグ博士との出会い

農林10号は、さまざまな出会いを重ねながら世界の小麦を変えていった。種子と種子との、そして種子と人との出会いのなかで―それは1粒の種子がもつ限りない可能性を実証しつつ世界をかけめぐり、世界を変えていったのです。農林10号の物語りには、壮大なロマンを感ぜずにはおられないのです。

1972年から74年にかけての世界的な食糧危機、そうした背景のもとにインドやパキスタンを飢餓から救ったといわれた緑の革命の生みの親、ノーマン・ボーローグ博士はその功績により、1970年度のノーベル平和賞を受賞されたのです。

彼はアメリカ・アイオワ州の小さな小麦農家に生まれ、ミネソタ大学の農学部を出ました。大学時代はレスリングの選手だったという堂々たる体格で、小麦新品種育成の先頭に立っておられました。

●ボーローグ博士の来日

昭和56年10月7日、日本育種学会（30周年大会）が金沢市で開かれた。会場の金沢市観光会館の廊下を足早に歩いて、ボーローグ博士の控室を目指した。部屋に入ると私は博士と固い握手を交した。特別講演でボーローグ博士は、先づ最初に農林10号の世界的貢献を語り、筆者をはじめ日本育種家たちに深い感謝の意を表明された。彼は今日の育種家の課題と彼自身の取り組みに話を進められた。その夜の晩餐会の席上で、ボーローグ博士と並んで乾盃したのが、忘れ得ぬ思い出であります。

（回顧録「米麦とともに70年」社団法人大日本農会会報『農業』1988（昭和63）年9月号、10月号、12月号より編者要約）

稲塚権次郎の生涯

年歴	歳	権次郎の事績	関連事項
1897(明治30)年	0歳	2月24日、父竹次郎、母こうの長男として、富山県東砺波郡城端町西明で生まれる。	
1911(明治44)年	14歳	富山県立農学校(現富山県立南砺福野高等学校)に入学し、ダーウィンの進化論などを学ぶ。	
1914(大正3)年	17歳	東京帝国大学農科大学農学実科に入学。メンデルの遺伝法則など育種学を学ぶ。	
1918(大正7)年	21歳	東京帝国大学農科大学農学実科を卒業し、東京都西ヶ原の農商務省農事試験場へ就職。12月、歩兵第三五連隊第五中隊(金沢)へ入隊。翌年11月、除隊。	
1920(大正9)年	23歳	農商務省農事試験場陸羽支場へ赴任。130余種の水稲品種について特性調査を行い、「陸羽132号」などの育成に従事する。	
1922(大正11)年	25歳	「森田早生」と「陸羽132号」を交配し、その育成選抜に従事。これがのち1931(昭和6)年、新潟県農事試験場で並河、鉢蝋の手によって「水稲農林1号」となる。	
1926(大正15)年	29歳	岩手県立農事試験場に赴任。農林省委託小麦育種試験を担当し、小麦の品種育成に従事する。	
1928(昭和3)年	31歳	「ターキーレッド」×「フルツ達磨」の交配種の系統育成選抜を進める。	
1929(昭和4)年	32歳	「小麦農林1号」「小麦農林2号」を育成される。	
1931(昭和6)年	34歳	「森田早生」と「陸羽132号」が「水稲農林1号」となる。	
1933(昭和8)年	36歳	生涯唯一の著書『小麦栽培法の改良』(大日本農会)刊行。	
1934(昭和9)年	37歳		東北大飢饉(1930年から1934年にかけて東北地方でたびたび発生した飢饉。「日本史上最後の飢饉」と言われる。1930年の昭和恐慌の影響による都市部の大失業と所得減少、それに伴う都市住民の帰農による人口圧力によって農村経済が疲弊。女子の身売りや欠食児童が相次いだ。)
1935(昭和10)年	38歳	「ターキーレッド」×「フルツ達磨」の育成選抜の結果「小麦農林10号」が完成。岩手、山形両県の奨励品種となる(その後「小麦農林6号」「小麦農林14号」「小麦農林27号」など計8品種の育成に従事)。	
1936(昭和11)年	39歳	「水稲農林1号」の開発功績により、正六位に叙せられる。	
1938(昭和13)年	41歳	中国の華北産業科学研究所に赴任。食糧作物(小麦、粟、玉蜀黍、高粱など)の育成試験を担当し、「小麦華農1号」の育成や中国農業の発展に貢献する。 11月13日、父竹次郎が亡くなる(73歳)。	
1945(昭和20)年	48歳		8月15日、終戦。
1946(昭和21)年	49歳		進駐軍農業顧問サーモン博士が「小麦農林10号」をアメリカに持ち帰る。その後、アメリカ農務省の育種家であるフォーゲル博士が、地元の小麦ブレボア種及びバート種を「小麦農林10号」と交配。「ゲインズ」「ニューゲインズ」が育成される。

1947（昭和22）年	50歳	妻イトとともに帰国する。
1948（昭和23）年	52歳	農林省金沢農地事務局の開拓計画部長に就任し、北陸四県の開発計画を指導する。
1951（昭和26）年	54歳	並河顕彰会から感謝状を贈られる。
1956（昭和31）年	59歳	アメリカ・アイオワ州出身のノーマン・ボーローグ博士が「小麦農林10号」の遺伝子を受け継ぐメキシコ半矮性小麦を誕生させる。
1957（昭和32）年	61歳	官職を退官。富山県信用農業協同組合連合会の嘱託となる。 開発途上国の急激な人口増加が始まる。
1963（昭和38）年	67歳	城端町西明地区圃場整備委員長として、農業構造改善事業に取り組む。
1965（昭和40）年	69歳	大凶作となったインドやパキスタンにメキシコから半矮性小麦が送られ、小麦の収量が驚異的に増加した「緑の革命」始まる。
1966（昭和41）年	70歳	母こうが亡くなる（92歳）。
1968（昭和43）年	71歳	オーストラリアで開催された第3回国際小麦遺伝学シンポジウムにおいてボーローグ博士が講演。初めて「小麦農林10号」＝「NORIN TEN」について述べる。
1969（昭和44）年	72歳	水稲及び小麦等の育種功績により、農業技術功労賞と並河賞を受賞する。
1970（昭和45）年	73歳	「緑の革命」を起こした功績により、ノーマン・ボーローグ博士にノーベル平和賞が授与される。
1971（昭和46）年	74歳	京都大学の英文誌に「小麦農林10号」について発表する。 「緑の革命」の源となった「小麦農林10号」の育成功績により、勲三等瑞宝章を授与される。
1973（昭和48）年	76歳	妻イトが亡くなる（73歳）。
1980（昭和55）年	83歳	新品種農林登録50周年記念大会で農林水産大臣賞を受賞する。
1981（昭和56）年	84歳	10月7日、金沢市で開かれた日本育種学会30周年記念大会で、ノーマン・ボーローグ博士と初めて対面する。
1982（昭和57）年	85歳	5月1日、城端町名誉町民の称号を受ける。
1988（昭和63）年	91歳	12月7日、急性心不全で亡くなる。正五位に叙せられる。
1990（平成2）年		6月1日、ノーマン・ボーローグ博士が権次郎の生家を訪問。南砺農業会館で講演を行なう。

第2部

映画「NORIN TEN ～稲塚権次郎物語」

3 映画「NORIN TEN～稲塚権次郎物語」あらすじ

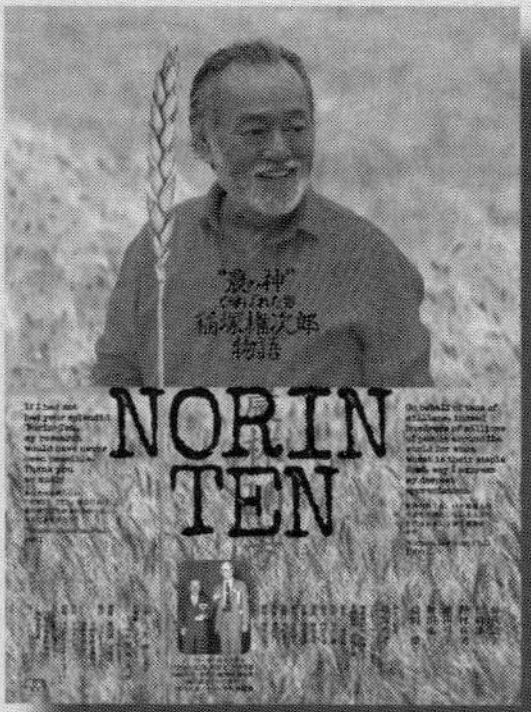

1960年代、世界は食糧不足による大規模な飢饉に直面しました。しかし、インドやパキスタンをはじめ、世界の多くの人びとを飢えから救う小麦が誕生しました。

その小麦の基となったのは「NORIN TEN」（小麦農林10号）。いまから80年前、日本人の育種家・稲塚権次郎（1897～1988）の手によって育てられた小麦でした。

この物語は、いまでは世界の小麦の80～90%以上の祖となった「NORIN TEN」の育種家・稲塚権次郎の愛と苦悩と葛藤を描いています。

大正から昭和へ、それは家族を悲惨な結果に導く戦争に至る時代。その時代とともに、権次郎が生まれ育ったふるさとの美しい自然が舞台となりました。

あらすじ

映画の始まりは喧噪の街、インド・デリー。バイクと車と人が折り重なるように交錯する街は、怪しげな物売りや、香辛料と果実を売る人びとであふれていた。喧噪を離れてインド農業調査研究所を訪れたのは、日本の若き女性育種家、岩田江里子。彼女は日本人が育種した「NORIN TEN」の行方を訪ねに来ていたのだった。

研究所所長に案内された広大な小麦畑は、デリーから車で3時間のパンジャブ地方にあった。小麦畑の一角には「ノーマン・ボーローグ博士

と稲塚権次郎博士に感謝を込めて」と書かれた看板が掲げられている。所長は言う。

「父から聞かされました。世界の食糧危機、とりわけインドの飢饉のときに食糧を増産できる小麦を提供したのは、ノーマン・ボーローグ博士だと。そして博士は、こう言っていたそうです。『日本人の育種家・稲塚権次郎のNORIN TENがなければ、私の研究成果は上がることはなかった』と。

1987年（昭和62年）、富山県の南に位置する城端町西明。その農道を三輪バイクで行く稲塚権次郎の姿があった。90歳近くなっても、謡を吟じながらバイクを乗り回す権次郎は、道路の真ん中を走り、対向車や行き交う人は隅に避けていた。まったく近所迷惑である。でも本人はどこ吹く風とばかりに、軽快にバイクを乗り回すのだった。思わず若い警官は意見する。「権次郎さん、もういい加減バイクに乗るのはやめたらどうね」。

権次郎はいつも大きなリュックサックを背負っていた。そのリュックの中には、愛用のカメラ、趣味の「謡」の本、正露丸（急な腹痛用）、浅田飴、バナナ（非常食用）、筆記用具などが入っていたという。気ままな一人暮らしの権次郎は、近所の寺の住職を訪ねては、囲碁に興じるのを楽しみにしていた。

明治末期、西明の貧しい農家の長男に生まれた権次郎は、富山県立農学校を首席で卒業。恩師から学んだ『種の起源』（ダーウィン著）と出合い、感銘を受ける。さらに上級学校へと進みたいという希望を胸に秘めていた。

しかし、権次郎に続くのはすべて妹たち。跡継ぎとして、働き手として期待されるのは、権次郎だけだった。苦労する父母のことを思うと、希望を口に出すことは許されない。悶々と農作業に従事する日々が続いた。夜は屋根裏部屋でローソクの灯りのもと勉学に励むが、とくに目的があったわけではなかった。家族揃っての朝食は囲炉裏端と決まっていたが、寝過ごした権次郎は遅れて席につくのでバツが悪い。

やがて「権次郎の様子がおかしい」と聞きつけた本家の彌市から、父竹次郎と権次郎に呼び出しがかかっ

た。彌市は権次郎の胸にしまった悩みを聞き出そうとするのだが、権次郎は思うように自分の気持ちを言い表すことができない。沈黙が流れるなかで、彌市が口火を開いた。「権次郎さんの悩みとは、学校のことじゃないか」。

ようやく胸の内を明かす権次郎。彌市は、権次郎の向学心を頼もしく感じ、応援することを約束した。

権次郎が目指したのは、育種家の道だった。貧しい農家を救うためには、美味しくて収量の多い米を作ることが大切である。ダーウィン著『種の起源』に触発されたのだった。猛勉強には、農学校の恩師、堀口教諭も協力してくれた。1年後、東京帝国大学農科大学農学実科に進学。上位の成績で無事卒業を迎えた。

1918(大正7)年、農商務省に入った権次郎は、農商務省農事試験場陸羽支場(大曲)に配属される。育種家としての道がスタートした。

まず取り組んだのは「陸羽132号」の品種選抜である。そして「水稲農林1号」の育種にも取りかかった。

権次郎は生真面目な性格ゆえに、まわりに溶け込むことができなかった。しかし上司の育種部主任・永井は、権次郎を「熱い男だな」と可愛がるようになる。

ある日、永井の勧めで「謡」を習うことになり、秋田市内の鈴木準之助宅に向かった。そこで、生涯の伴侶となる佐藤イトと出会う。イトは幼少のころ、実家の火事で父母を失い、叔父のもとで育てられていた。

一目ぼれした権次郎は、ほどなくして故郷西明で祝言を挙げた。両親

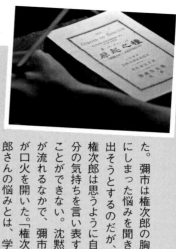

をはじめ、堀口先生、親戚の人たちが大勢集まり、二人の前途を祝った。育種家としての権次郎の仕事ぶりを、みな頼もしく見守ってくれているのがわかった。

権次郎とイトの新たな生活が秋田で始まった。

１９２６（大正15）年、権次郎は突然岩手への転勤を命じられる。岩手は小麦の育種が主流で、美味しくて収量の多い稲の品種改良の夢は取り上げられることになった。権次郎は、その不条理な人事に納得がいかず怒りを抑えきれなかった。夜、イトに転勤を伝えると、イトは夫の気持ちを和らげようと、箏（イト）と尺八（権次郎）の合奏を勧めるのだった。

「陸羽１３２号」と「森田早生」の交配は進み、すでに4年目を迎えていた。

新たな稲の研究は、新潟県農事試験場の並川に受け継がれ、6年後（１９３１〔昭和6〕年）「水稲農林1号」に結実する。並川とは大学は違うが、農商務省入省の同期だった。

新潟には農学校の後輩、鉢蠟清香もいた。権次郎の故郷城端から近い五箇山の出身で、育種家の道を目指した思いも似ていた。鉢蠟は、「私の故郷は山間の狭い田圃しかなく、いかにして収量を増やすことができるか、美味しい米を作ることができるかが私の使命だと思っています」と話し、３人は成功を願って、固い握手を交わすのだった。

稲の育種の機会を奪われ失意に沈む権次郎だったが、永井から思いがけない話を聞かされた。この時期（間もなく大正から昭和に年号が変わる）、小麦増産が国家的プロジェクトとなり、そのプロジェクトの中心に権次郎が据えられたというのだ。しかも、小麦増産プロジェクトの骨子を作ったのは、自分を育種家の道に進ませてくれた西ヶ原農事試験場の安藤廣太郎氏だと聞いて、権次郎は稲から小麦へと育種の目標を移そうと決心するのだった。

１９２６（大正15）年、権次郎は岩手県農事試験場に移った。そこでは東京帝国大学農科大学農学実科の同期、羽田 武が待っていた。羽田は権次郎にとって、その後の人生を伴走する親友だった。羽田は馬鈴薯や大根の品種改良に取り組み、権次郎の担当は小麦だった。

当時、小麦の品種改良を行う農事試験場は全国で7カ所。昭和に入ると、各地の農事試験場で品種改良した内容を本省に報告し、その成果が認められると、国の統一番号で登録される仕組みとなった。いやがうえにも各農事試験場間での競争は激しくなった。1929（昭和4）年、権次郎は「小麦農林1号」と「小麦農林2号」を相次いで作り上げた。

岩手に移ってから、権次郎とイトは源之助を養子にした。源之助はイトの末の弟であった。身ごもったことのあるイトだったが、その後子宝には恵まれなかった。

昭和に入ると、世界は大きく動き始めた。アメリカで始まった金融恐慌が、世界の経済不安を煽ることとなった。1931（昭和6）年の元旦、権次郎は金融恐慌の不安を、故郷に向けた手紙に書いた。

1931（昭和6）年、1934（昭和9）年と東北では大飢饉が起こり、東北北部（秋田・岩手・青森）では困窮した農家の娘が身売りするという事態が起こっていた。権次郎は育種の成果を上げるしかすべがなかった。

そんななか、この年の秋、朗報が届いた。新潟県立農事試験場の並川技師から、6年かけて稲の育種が成功したとの長距離電話が届いたのだ。並川と鉢蠟の二人の成果に権次郎は心から喜んだ。それは「水稲農林1号」の完成で、後に「コシヒカリ」（1944（昭和19）年）につながる快挙であった。そしてそのころ、権次郎は新たな小麦の品種開発にひらめきを感じていた。

1935（昭和10）年秋、農林省本

省に異動した羽田から緊急電報が届いた。権次郎が申請した「東北34号」を「小麦農林10号」と命名する、という内容だった。ここに小麦農林10号―NORIN TENが完成したのである。

特色は半矮性遺伝子であるということ。従来の小麦に比べて背の低い品種で穂が倒れにくく、しっかりと栄養が行きわたり、穂も大きかった。この小麦農林10号が世界の食糧危機を救う種子の基になるのは、それから30年近く後の、1960年代になってからだった。

1938(昭和13)年、権次郎は華北産業科学研究所(北京)に異動を命じられた。イトも同行した。

翌39(昭和14)年には、父竹次郎が病死。権次郎は日本には戻らなかった。

研究所には親友の羽田も後に合流した。品種改良はもとより、地質調査や作物の研究を中国の人びとと共同で行った。

当初5年ほどと考えられていた北京での滞在は延びていた。戦局は厳しくなり、ついに1945(昭和20)年8月に敗戦。中国側の意向により、権次郎はさらに留め置かれることになった。そして権次郎とイト夫婦にとって、不幸な事態が起こった。敗戦時の混乱により、イトが精神的な錯乱を起こしたのだった。

「イトを連れてくるんじゃなかった」権次郎は悔やみに悔やみきれないと自分を責め、終生イトをいたわる生活を送ることとなった。

1947(昭和22)年秋、権次郎とイトはようやく中国から帰国。権次郎は育種家の道を諦め、地元金沢農地事務局に勤務した。親友羽田は本省の局長を辞め、故郷長野に帰ることを決める。二人は長年の交誼を思い、永遠の別れをした。

1966(昭和41)年春、母こうが亡くなり、権次郎とイトは村の人びとともに野焼きで見送った。大陸に立つ前、母こうはイトに干し柿を託していた。その干し柿を持ち帰ったイトは、こうのお棺の中にそっと入れて、手を合わせた。

しばらくして権次郎のもとに、思いがけない知らせが届いた。

「小麦農林10号」の種が戦後アメリカに送られ、世界の食糧危機を救う「緑の革命」の基になったというのである。ノーマン・ボーローグ博

士は、その業績により、1970（昭和45）年にノーベル平和賞を受賞するという内容だった。京都大学の山川教授が権次郎を訪ね、知らせてくれるのだった。

1935（昭和10）年に育種した「小麦農林10号」が世界の人びとの役に立っていた。権次郎は自らの育種家としての歩みを回顧録「米麦とともに70年」にまとめた。

しかし、権次郎の生活が変わることはなかった。朝起きると近くの西明神社の境内でラジオ体操をする。日々の食事を用意して、イトとともに家の囲炉裏端で食べる。洗濯をし、買い物や用事を足すために三輪バイクに乗る。そういった穏やかな日々が続いた。

1973（昭和48）年2月、ついにその日がやってきた。最愛の妻イトが静かに息を引き取る。享年73。村人とともに、野焼きでイトを埋葬した。

「妻イトが浄土に還ってゆきました。いまから50年前、秋田県大曲農事試験場勤務のとき、夫婦となり、盛岡、北京、金沢で暮らし、戦後は故郷西明で過ごしました。中国で終戦を迎えましたが、日本への帰還が許されず、イトに辛い思いをさせてしまったことが、いまも悔やまれてなりません。米と小麦の育種、そして田畑の整備事業に奔走する私を愛し、不満一つもらすことなく、ここまでともに歩んできました。帰国後は在の皆さまに見守っていただき、イトと穏やかな暮らしを営むことができました。皆さま、ありがとうございました」権次郎は喪主の挨拶を行った。

1981（昭和56）年、権次郎はノーマン・ボーローグ博士と対面する。ボーローグ博士は金沢で開かれた「第30回日本育種学会」で特別講演するために来日したが、「稲塚権次郎さんと会うことを楽しみにやってきた」という。世界の小麦を変えた、世界の食糧危機を救った二人は、固く手を握り合った。

1988（昭和63）年12月7日、稲塚権次郎死去。享年91。

4

映画「NORIN TEN～稲塚権次郎物語」の軌跡

監督・脚本　稲塚秀孝

稲塚権次郎役・松崎謙二さんとの出会い

映画「NORIN TEN～稲塚権次郎物語」を製作するにあたって大きな要素となったのは、主人公・稲塚権次郎役のキャスティングです。私は早くから、無名塾所属の松崎謙二さんにお願いしようと考えていました。松崎さんには、2010（平成22）年にNHK-BSで放送したハイビジョン特集「ヒロシマ ナガサキ 二重被爆」で、広島と長崎で二度被爆を経験した山口彊《つとむ》さんを演じていただきました。

2005（平成17）年、友人から「広島と長崎で二度被爆した方がいる」と聞いた私は、3カ月の調査を経て、長崎に住む山口彊さん（当時89歳）にたどり着きました。間もなく山口さんに直接お目にかかり、「山口さんの二度被爆したという稀有な体験を世界に伝えましょう」とお話ししました。

その後、山口さんの承諾を得て、93歳で亡くなる直前の2009（平成21）年暮れまで取材させていただき、記録映画とドキュメンタリー番組を製作しました。映画は英語版も作成し、いまも海外での上映を続けています。

2010（平成22）年夏に、ドキュメンタリードラマ形式で制作・放送することが決まりました。そこで、29歳からの山口彊さんを演じていただいたのが松崎さんでした。松崎さんは舞台経験25年のベテランです。企画の説明から始まり、何度も打合せを重ねて、山口さんの人物像などに

権次郎さんが生まれ育った地域で開かれている「権次郎まつり」

ついて語り合いました。そして松崎さんは、山口さんを見事に演じきってくださいました。

稲塚権次郎を映画に？

そのドラマから3年後の2013（平成25）年春、「私の親戚にあたる稲塚権次郎さんを取り上げた映画を作りたいと考えている」と、再び松崎さんに協力を求めました。きっとあのとき、松崎さんは戸惑ったのではないでしょうか。いま思い返してみても、正式な出演依頼というよりは、企画の段階から一緒に取り組みませんか？　という誘いのようなものだったからです。

７月になって、富山県南砺市蓑谷地区で恒例の「権次郎まつり」に、松崎さんと出かけることにしました。

実は数年前から、私は権次郎まつりに参加していました。そのときの「小麦農林10号」をいまも作り続けている皆さんのすごい熱気を感じたことがきっかけで、漠然とですが権次郎さんのことを何か形にしたいと考えるようになったのです。つまり私にこの映画を作ろうと決心させたのは、このまつりを続けて来られた蓑谷の方々との出会いがあったからでした。それもあって、「生前の権次郎さんをよく知る地元の皆さんと一度会ってみませんか？」と松崎さんを誘ったのです。

もちろん権次郎まつりを運営している人びとが私に何か期待したわけでもなかったですし、具体的に映像として取り上げてください、と頼まれていたわけでもありません。

権次郎まつりの広場には権次郎さんが育種した「小麦農林10号」を織り込んだソーメン、地ビールなど、さまざまな地産地消の品が並べられていました。地元産の牛肉を使った牛丼もあり、「まあ、食べてみてください」と振る舞われました。

まつりの会場である蓑谷体育館の隣にある公民館では、南砺市の田中幹夫市長とお目にかかることになりました。私は「稲塚権次郎さんは祖父・彌市《やいち》の従兄にあたる方で、映画の企画を考えているところです」と、まだ確たる計画も持たぬまま挨拶をしました。

すると田中市長は「稲塚監督、ぜひやりましょう。私たちも応援します。物心両面で支援しますから、やりましょう」と握手を求められました。

「わかりました。何としても実現しましょう」と強く手を握り返し、松崎さんも市長と固い握手を交わしました。

その後、まつりの舞台で松崎さんと私が挨拶し、「今日、稲塚権次郎さんの映画を作ることになりました！」と宣言してしまったのです。

後から思い起こしてみると思いがけない展開ですが、地元の人びとは、権次郎さんの映画を作るんだ、と大盛り上がりでした。

稲塚権次郎さんとの出会い

私の父武男は、1913（大正2）年富山県東砺波郡城端町西明に生まれました。農家の二男坊だったので、15歳のとき、北海道苫小牧市の親戚のもとに奉公に出されたと聞いています。父はその後パルプ工場に勤務することとなり、戦時中には出征しましたが、無事帰還できたことで、戦後に私が生まれました。

権次郎さんがわが家を訪ねてきたのは、1961（昭和36）年のことでした。そのころ権次郎さんはすでに農林省を定年退職されていました。トレードマークであるリュックサックを背負って来られた記憶が残っています。

しかし、当時私は10歳でしたので、権次郎さんがどのような仕事をしていたか、どのような業績を上げた方なのかは、知る由もありませんでした。

南砺の方々の力で動き出した映画製作

2013（平成25）年10月、蓑谷の方から「小麦農林10号」の種まきをするので来ないか、という誘いを受けました。私はスタッフとともに南砺市に赴き、種まきの様子をカメラに収めました。そして、それがきっかけとなって、映画製作のために、地元での支援組織作りが始まりました。

私自身も、稲塚権次郎役は松崎さんに依頼するとして、それ以外の配役をどうするのか決めなければなりませんでした。

そして何よりも、脚本はどうするのか、誰かに依頼するのかといった課題。ほかにも、製作費はどのくらいかかるのか、どのように集めるのかなど、ありとあらゆる想定に対応しなくてはなりませんでした。

　私は、この映画は記録映画ではなく、ドキュメンタリーとドラマを融合させた映画にしたい考えていました。そのためには、歴史的事実はもちろん、権次郎さんをはじめとする登場人物の人物像をきちんと調べなくてはいけません。そのうえで脚本を書いてもらうとなると、準備期間は相当限られています。私は焦りを感じていました。

叔父から送られたメッセージ

　それに遡ること20年、1993（平成5）年の1月から5月にかけて、富山県の地元紙「北日本新聞」では、千田篤さんの「いのち悠久～稲塚権次郎の物語」が計111回連載されました。

　その掲載が始まって間もなく、私の叔父の位《ただし》から、こんな手紙が私の元に届きました。

「あなたがその昔、北海道を訪ねた稲塚権次郎さんと会ったことがあると言っていましたが、権次郎さんは昭和63年12月に亡くなり、残された資料を整理し、片付けることをしてきましたが、権次郎さんの生涯を書いて下さる方が現れましたので、権次郎さんの業績と人柄を世の中に知っていただくことにもなるので、とても良かったと思います。北日本新聞の連載記事は、今度まとめて送ります。読んでみてもらいたいと思います」

　権次郎さんは妻イトさんが亡くなってから、15年間一人暮らしでした。最晩年には認知症の症状が現れて、目を離すと電車で1時間ほどかけて出かけてしまうこともあったようです。叔父は何度も権次郎さんを連れ帰るために出かけるなど、何かと面倒をみていたと後に聞きました。

　新聞連載が終わって間もなく、叔父から分厚いファイルが届きました。連載された111回分すべての記事をコピーして閉じ込んだファイルです。私は早速記事を読み、お礼の手紙を書き送りました。しばらくして叔父が亡くなり、権次郎さんのことは頭の隅に置いたままとなりました。

叔母からの葉書

　2010（平成22）年、叔父の位の妻、つまり私の叔母である幸子《さちこ》さんから一通の葉書が届きました。今回の映画のなかで「祝言」の場面を描きましたが、それは私が幼いころに見聞きした叔父と叔母の「祝言」がヒントになっています。

「7月には権次郎まつりがあり、皆さん盛り上げておられます。ご都合がつくようでしたら、何もお構いはできませんが一度ぜひお越しください」

そのとき、ふと権次郎さんのことを思い出しました。その昔北海道で会い、叔父が送ってくれた連載記事の主人公であった権次郎さん。いまも地元の人たちが権次郎さんを愛し、守っていることを知った私は、一度権次郎まつりに行ってみようと思いました。

権次郎まつりは、毎年7月の第2土曜・日曜に、蓑谷体育館とその前の広場に出店を開いて行われます。女性演歌歌手が来ることと、土曜・日曜でカラオケ大会をするのがメインイベントです。出店には、地元産の牛肉が入った牛丼、鮎の塩焼き、ラーメン、パン、漬物、タコ焼き、地ビールなどが並べられました。

まつりに参加した私は、毎年ボランティアで「小麦農林10号」を育てている親戚の方に会い、生前の権次郎さんの人となりや権次郎まつりの目的を聞きました。

世界の小麦を変える大きな仕事をした権次郎さんでしたが、けっして偉ぶることなく、村の人びとに土地改良の必要を粘り強く説いていたそうです。「謡《うたい》」が趣味で穏やかな人柄だったこと、地元の子どもたちと一緒に毎日ラジオ体操をしていて人気があったことなどもわかりました。また、権次郎まつりは、権次郎さんのことをいつまでも忘れずに語り継ぐとともに、地域の人の繋がりを絶やさないよう、皆が協力して行なっているのだと強調されていました。

体育館の一角には、小麦農林10号の麦の穂や小麦の籾、刈り取りの写真などが展示されていて、子どもたちが小麦の穂に触っている様子が印象的でした。

叔母の家では、叔父が作っていた稲塚家代々の系図や、カメラが趣味だった権次郎さんが写真を焼き付けていたガラス乾板を見せていただきました。ガラス乾板は、後日東京の現像所で紙焼きにしてもらいましたが、そこにはイトさんと仲間の皆さんが箏に興ずる画像が残されていました。

こうして少しずつ権次郎さんの実像が見えてきました。

権次郎さんの日記

2012(平成24)年、富山を訪ねたとき、権次郎さんの妹さんが嫁いだ家にお邪魔しました。

そこに、大正年間の初めから亡くなる直前まで権次郎さんが書き続けた、50年分の日記が残されていました。

はじめはノートや手帳のようなものに細かく書き込まれていてメモ帖のようでしたが、徐々に実用日記へ書き綴られるようになっていきます。なかには達筆すぎて読めない文字もあるのですが、すべてとても丁寧に書かれていました。

学生時代の日記には、英語で書かれたものがありました。おそらく英語の勉強を兼ねて、日記を英語で書く習慣を身につけようと思ったのでしょう。

日記を読み進めていくうちに、気づいたことがありました。権次郎さんが中国に異動になった１９３８(昭和13)年から、帰国する１９４７(昭和22)年秋までの日記が残されていないのです。中国では日記を書く余裕がなかったのか、書いたけれども破棄したのか、その理由はわかりません。

中国には妻イトさんも同行していました。敗戦後の2年間、中国側の要請を受けた権次郎さん夫妻は、技術指導の継続を名目に中国に留まっています。そのときにイトさんが精神の変調をきたしたといわれています。帰国後のイトさんは床に伏せがちで、家のまわりの皆さんとの交流もほとんどなかったと聞きました。中国での生活で何があったのか、ぜひ知りたいと思いましたが、そのころの日記がないために、たどるすべはありませんでした。結婚した当初の日記には、数回にわたりイトさんの体調を慮る様子が書かれていますが、その後にはほとんど見受けられませんでした。

日記を書くという行為には、人それぞれ理由があるのだと思います。備忘録的に毎日身のまわりで起こったことや対外的な折衝などを「記録」する人もいれば、日常で起こるストレスを発散するために、日記に「思いのたけ」を記述する人もいるでしょう。本来日記は誰かに見せることを前提にしていないのですから、あくまで自らの内省に向かう気持ちの発露と考えるのが自然かもしれません。その意味で、20代から30代にかけての権次郎さんの日記には、激しい思いを吐露する内容も少なくありませんでした。

しかし、戦後中国から戻って書かれた日記(１９４９(昭和24)年〜)の内容はごく穏やかで、日常の出来事を淡々と書き記されています。戦争によって多くの日本人は傷つき、家族を喪う悲しみを体験しました。権次郎さんとイトさん夫妻も、戦争によって、家族の幸福と未来を翻弄されたといっていいと思います。

大正から昭和にかけて、稲と小麦の育種に献身的に取り組み、成果を上げてきた権次郎さんですが、中国から戻ってから再び育種の仕事に就くことはありませんでした。実際に権次郎さんの心のありようがどうであったのか。まだまだ私には解明していかなければいけない課題が残っていると思いました。

台本の執筆

2013（平成25）年の暮れ、私は決断を迫られました。

権次郎さんの生涯、育種家としての役割と使命、時代背景に関する調査は進み、スタッフの努力で資料も揃っていました。

ここからはプロの脚本家に託してはどうか、いやもう少し時間をかけて調べあげて、監督として確信をもってから脚本家に依頼するのはどうか……。

しかし、監督としてハコ（シナリオの骨格作り）、つまりこの物語のフレームを決めようと考え始めたとき、まだ権次郎さんがいかなる人なのかが茫洋としていました。

育種家を目指した強い意志は十分理解できるのですが、戦争に翻弄され、愛する妻イトさんが心を病むことになってなお平常心を崩すことなく、粛々と前を向いて仕事をし続けた権次郎さんの信念の源は何なのかがわからなかったからです。それを見つけ、確信を持ちたいと思いました。

2014（平成26）年が明け、地元南砺市では映画製作を支える組織作りの方向性も決まり、映画の規模（製作日程、製作予算）について問い合わせが来るようになりました。

そのとき、「よし、私自身が脚本を書こう」と決断しました。この決断は、映画が完成したいまも間違っていなかったと思っています。

私が権次郎さんの生涯を描くのに、いかに客観性を持たせることができるか……。このときから、監督と脚本家という二つの目線を持って映画の製作に取りかかったのです。

世界観の模索

台本を書き始めるには、まず、映画の世界観をどうするかの目安をつけなくてはいけません。

稲塚権次郎とは何者か。何を目指して育種に取り組んだのか。妻イトをどのように愛していたのか。信ずる友はいたのか。父と母への思いは……。あらゆる「なぜ？」を出し切り、考え尽くすための時間がしばらくありました。

松崎さんと会ってディスカッションしようかとか、知り合いの脚本家と意見を交換しようかという誘惑にかられたこともありますが、やはりここは孤独な作業として、自分一人で道筋をつけないといけないと思いました。ロケに入ると、すべての役者さんからの質問、疑問に応えなくてはいけないからです。

「権次郎さんはこのような性格で、こういう行動原理を持っている。妻イトさんは……」

それぞれの役と役者との格闘を数カ月後に控え、私は台本作りを始めました。

パズルのように物語を組み立ててゆく

権次郎さんは貧しい農家の長男に生まれ、大事な跡継ぎの道を守るという宿命を負っていました。

読み書きが不自由だった父と母の期待を受け、富山県立農学校（現富山県立南砺福野高等学校）に進学します。自宅の西明から福野の農学校まで約3里、12キロ。とても歩いて通える距離ではありません。しかし権次郎さんは、夏の暑い日も、冬の雪深い日も毎日歩いて通ったといいます。その精神力には感服せざるを得ません。

そして、当時の恩師・堀口先生から渡された『種の起源』（ダーウィン著）こそ、権次郎さんが育種家の道に進む大きな動機づけとなりました。

私は、こうしたエピソードを通じて、権次郎さんのぶれない、群れない性格を肉付けしてゆくことにしました。

美味しくて収量の多い品種を作り上げるという目標に向かって、ひたむきに稲の育種に取り組んだ猪突猛進型の人物。20代後半のころには、日記に「危険人物と思われて……」と書かれていますが、研究に没頭するため「付き合いが悪いやつ」という印象をまわりに持たれていたのではないかと考えました。秋田県大曲にあった陸羽支場は、東京にある西ヶ原農事試験場の直轄の支所で、当時農商務省、本省の意向を受け、日本における育種の最前線の役割を担っていました。エリートたちが育種の成果を上げるという熾烈な競争を繰り広げ、ライバルも多かったに違いありません。そんななか、権次郎さんは上司の永井の紹介で「謡」を習いに行くことになります。永井が権次郎さんの一途な性格を認めながら、ゆとりを持って研究するように助言してくれたのだと理解しました。

その後の権次郎さんは、囲碁、尺八、テニス、野球と、趣味に広がりを見せていきます。そして、30歳前後に大きなターニングポイントを迎えます。一つはイトさんとの結婚によって人間の幅が広がったこと。もう一つは、稲の育種から新たな領域となる小麦の育種に取りかかったこと。環境も秋田から岩手に変わることで、飛躍のきっかけを掴むことができたのだと思います。

調査の段階では、現在育種に取り組んでいる研究者の方にも話を聞きました。

「一生のなかで交配できる種類は数千にも満たない。だからどんなに緻密に交配を繰り返そうとしても、当たり外れは起きてしまう。その経過と結果をいちいちストレスに感じていては体がもたない。だから何事も鷹揚に捉える性格を身につけないといけないんですよ」と言いきっていました。

妻イトさんの存在

権次郎さんにとって、妻イトさんの存在はどのようなものだったのでしょうか。

イトさんにとって、戦時中の中国での過酷な体験とはいかばかりであったのか、権次郎さんの日記が残されていないため、推測の域を出ませんでした。しかし、当時中国やソ連から引き揚げて来られた皆さんの労苦を調べてみると、想像に難くありません。

権次郎さんは戦後、イトさんを苦しめてしまったこと、大陸に一緒に行きたいと言ったイトさんを止めることができなかったことを、長く悔いていたのではないでしょうか。だから、育種家の道を絶たれた後、妻とともに故郷で暮らすことを決意したのだと思うのです。

妻のイトさんと穏やかに暮らす日々に、権次郎さんは人生の大きな価値、生きていることの意味を見出すことができたのではないかと思います。

権次郎さんはもともと、地位も名誉も欲することなく育種家としての実績を積んできました。

戦後、故郷の西明に戻り、母こう、妻イトを見送って一人静かに暮らした権次郎さんにとって、「小麦農林10号」が世界の食糧危機を救ったことが、彼の人生における最大のご褒美となったことは言うまでもありません。

世界の宝、稲塚権次郎さんのＮＯＲＩＮ ＴＥＮ——映画「ＮＯＲＩＮ ＴＥＮ」に寄せて

農学博士　西尾敏彦

「日本の農民のように頑丈で背の低い小麦」

もう終わってしまったが、ＮＨＫの朝ドラ「マッサン」のなかで、ヒロインエリーが口ずさんだスコットランド民謡の一つに「故郷の空〝Comin' Thro' the Rye〟」があった。昔は小学唱歌で「夕空晴れて秋風吹き……」と歌ったものだが、いまの人には「誰かと誰かが麦畑で……」という歌詞の方が親しみやすいだろう。ライ麦畑に紛れ込んだら、なかでキスをしていても、外からは絶対わからないという歌だが、こちらの歌詞の方が原曲に近いようだ。昔のライ麦はそれほど背丈が高かったというわけである。

背丈の高いのはライ麦だけでない。昔の、とくにヨーロッパの小麦は稈（茎）長だけで１５０㎝ほどもあるノッポの品種が多かった。その小麦の稈長をいっきに現在の80㎝前後にまで縮め、収量を飛躍的に向上させたのが、わが日本の小麦品種ＮＯＲＩＮ ＴＥＮ（農林10号）である。育成者はいわずもがな、われらの稲塚権次郎さんであった。

ＮＯＲＩＮ ＴＥＮの最大の特長は、雨の多い日本で育てられた麦だけが持つ、なみはずれた茎(稈)の短さ、強靭さである。「まるで当時の日本の農民のような小麦だったな。背が低くて、頑丈で、骨太っていうのかな。とにかく、いくら穂をつけても倒れないんだ」と、権次郎さん自身も語っているが、いまでは世界中の小麦が、この「日本の農民のような小麦」、つまり短稈品種に変わっている。

世界の食糧危機を救ったＮＯＲＩＮ ＴＥＮの半矮性遺伝子

権次郎さんのＮＯＲＩＮ ＴＥＮが、どのようにしてつくられ、どのような経過でボーローグ博士の手にわたり、世界の小麦生産の躍進に貢献したかは、映画「ＮＯＲＩＮ ＴＥＮ」にくわしい。１９７０(昭和45)年、ボーローグはこの功績でノーベル平和賞を受賞したが、権次郎さんのＮＯＲＩＮ ＴＥＮがあればこそ。この事実を素晴らしい映画にまとめ、多くの人の目に触れるようにしてくださったことに、同じ農業研究に携わる後輩として心から感謝申し上げたい。

日本では稲が最も重要だが、世界的にみれば小麦が最重要作物になる。その小麦で、ＮＯＲＩＮ ＴＥＮの血をひく品種は１９９７(平成９)年当時、世界中で５００品種以上、50カ国で栽培されていた。最近はさらに多くの品種が、多くの国で栽培されているに違いない。

背の高い小麦は多収をねらって肥料を増すと、穂の重さで倒れてしまう。そのため増施が難しく、収量は頭打ちになっていた。短稈品種ＮＯＲＩＮ ＴＥＮからの半矮性（短稈）遺伝子の導入はその心配をなくしたのである。男女のあいびきの場としては不都合になったが、小麦収量は急激に増大し、農家の収益増に大きく貢献したのである。

ＮＯＲＩＮ ＴＥＮがどれほど世界の食糧事情の好転に寄与したかは、統計資料が教えてくれる。国連食糧農業機関ＦＡＯの統計によると、世界の小麦総生産量は１９６１（昭和36）年に２億２４０万ｔであったものが、ほぼ半世紀後の２０１２（平成24）年には６億７１５０万ｔと、実に３倍も伸びている。世界の小麦栽培面積は２０４万haが２１８万haと、ほとんど増えていないから、もっぱら単収の躍進が原因であるということになる。

事実、小麦の10ａ当たり収量は、１９６１（昭和36）年に世界平均で１０９kgであったものが、２０１２（平成24）年には３０９kgと、この半世紀で３倍近くも跳ね上がった。とくに飢餓に瀕していたメキシコ、ブラジル、インド、パキスタンなどでは３～５倍と急激に増大し、数億の人びとが飢餓から救われた。世にいう「緑の革命」だが、同じような飛躍的な収量増はヨーロッパ、アメリカ、アジアの各国にまで広く及んでいる。ボーローグのノーベル賞は当然だが、権次郎さんも「人類の大恩人」と称えられるべきだろう。

日本農民が育てた世界の宝、ＮＯＲＩＮ ＴＥＮと小麦半矮性遺伝子

最後にもう一つ。いまでは世界の小麦のほとんどが権次郎さんのＮＯＲＩＮ ＴＥＮの血を受け継ぎ、半矮性遺伝子の恩恵にあずかっているが、ＮＯＲＩＮ ＴＥＮもまた、その半矮性遺伝子を先代・先々代の小麦品種から受け継いできた。いったい誰が、いつ、この遺伝子を見出し、世代を超えて育ててきたのだろう。ほかならぬ、世界で最も小麦栽培に不向きとされる雨の多い日本の環境と、そのもとで麦づくりに励んできた日本の農民一人ひとりが、この遺伝子を持つ小麦を選び、育て、そして子孫へと引き継いできたのである。

日本農業はいま苦況にあるが、私たちはこうした勤勉で研究心に富む先人を先祖に持ったことに誇りを持ち、この国の農業を大切にしていきたい。世界人類の宝、ＮＯＲＩＮ ＴＥＮを育成した権次郎さんのこころざしも、そこにあっただろう。

西尾敏彦（にしお・としひこ）

東京大学農学部卒業。農学博士。１９５６年以降農林水産省（現経済産業省）農業試験場に勤務、１９９０年同省技術会議事務局長を最後に退職。著書ならびに編著書に、『農業技術を創った人たちⅠ・Ⅱ』（家の光協会）、『図解雑学・農業』（ナツメ社）、『自然の中の人間シリーズ・農業と人間編』『昭和農業技術への証言（１〜10集）』（以上農文協）、『農の技術を拓く』（創森社）、『「帝国」日本の学知』第７巻（岩波書店）。

5

仲代達矢さんに聞く「この映画と私」

この映画に出演することになったきっかけは何ですか？

仲代：やはり、稲塚監督と昔からの付き合いがあったことですね。素敵なドキュメンタリーを作り、スペシャルドラマでもご一緒してきましたから。監督さん、プロデューサーの方とは、信頼関係があってこそお仕事ができると思っています。

稲塚監督からこの映画のお話をいただいた後に、シナリオを読ませていただきました。役者というのはある人物を演じるわけなんですが、実在の人を演じるのは難しいんですよ。ご覧になる皆さんにその人のイメージがある場合、どう演じたらいいか、悩むものです。今回も初めは悩みました。

私が演じたなかで一番イメージがわかない人物というと、神武天皇ですかね。実在するかどうかもわからないですよね。そうすると自由にできるんですね。

稲塚権次郎さんのことはご存じでしたか？

仲代：いいえ、知りませんでした。稲塚監督から遠縁に当たる方だとは聞いていましたが……。シナリオを読ませていただいて、初めて知りました。世界の食糧危機を救ったということ、NORIN TENがいま世界の小麦の基になっているということを知って、何よりもまず、この事実を伝えないといけないと思いましたね。

　これまでのドキュメンタリー作品などを通じて、稲塚監督を信頼しているということもありましたが、こういうすごい人のことを世の中に知らせなきゃいけないというのが、この仕事をお引き受けした大きな理由ですね……。

権次郎さんをどう演じようと思われましたか？

仲代：世界に通じる仕事をした権次郎さんですが、偉人らしくない、極めて普通の人に思えました。だから、演じるというよりも、普通の人にしよう、偉い人に見せようと考えずに普通の人になろう、と思いました。

　稲塚監督には、この映画に入る前の2年間、ドキュメンタリー映画を撮ってもらっています。亡くなった妻と50年前にパリで見たイヨネスコ作の不条理劇「授業」をやったんですが、その舞台裏を追っていただきました。そのとき、ごく自然に、カメラがいることを意識させないように撮影してくださったんですね。だから、ドキュメンタリーのときと同じように、自然に、素朴に、と思っていました。

　私も62年間役者生活を送ってきて、映画は１６０本、芝居は60本に出てきましたが、どこか天然というか……。私との共通点もあるのかな？　と思って……。どうせ仲代達矢が演じることには変わりがないのだから、権次郎さんは自分自身だと思って自然体でいることに徹しましたね。

　いま、農業のことが大きな話題になっていますよね。ＴＰＰとか農業改革だとか、後継者のこととか、いろいろありますよね。そんなときに、世界の食糧危機を救ったすごい日本人として演じると、何だか虚構になってしまうとも思ったんです。

　いま振り返ってみても、「芝居をした」という感じはないですね。一番のポイントは、「天然」ということかもしれません。

権次郎さんは実在の人ですが、役に扮するということはどういうことでしょうか？

仲代：役者も80歳を過ぎると、「役を借りて、自分を暴露する」というか……。権次郎的性格を通じて、仲代達矢の本質を暴露するようなことをしましたね。何しろ私は画家のゴッホまでやっちゃいましたから。

　たとえば、時代劇ではちょんまげ

を結うとか、武士だと二本差しをするとか型がありますけど、今回は「もういいや、私が権次郎さんになりますよ」と思ったんです。

先ほども言いましたが、実在の人を演じるのは難しくて、ある意味緊張するものです。権次郎さんのことを知っている人がまだ大勢地元におられるわけだし。だから「仲代達矢が権次郎さんを演じますよ」と宣言しましたね。

映画で印象に残っているシーンはありますか？

仲代：いろいろとありますが、夫婦愛がテーマでもあるので、妻のイトさんを亡くしたときですね。野外で埋葬する「野焼き」を体験したんですが、その場面が思い出されますね。出会ってからずっと、育種の仕事に没頭する権次郎を穏やかに、包み込むように見つめていたイトさんへの愛情が込み上げてきました。

仲代さんが役者を志したきっかけは何でしょうか？

仲代：私は1932（昭和7）年生まれですから、終戦のときは12歳でした。父を早くに亡くしていましたから、貧しかったです。高校は夜間の定時制に通いながら、学校の用務員を始めて、アルバイトをたくさんしました。映画が好きで、年間300本近く、主に3本立てを見続けていました。ジョン・ウエイン、ジャン・ギャバンがかっこよくて、お金はなかったのですが、映画のパンフレットやキネマ旬報を読みあさりました。

あるとき、競馬場で一緒にアルバイトしていた先輩が「仲代、お前は顔がいいから、俳優になったらどうだ」と勧めてくれたんですね。その前はボクサーを目指してジムに通っていましたが、このまま殴られっぱなしで60まで続けるわけにはいかないよな（笑）と思って、3カ月目でやめたところでした。俳優なら長くできるかもしれない、と本気で考えました。

映画のパンフレットに主役のプロフィールが載っていますが、マーロン・ブランドもマリリン・モンローも俳優学校というところで演技の勉強をしていることがわかったんです。それで早速、その当時は唯一の俳優学校である俳優座養成所を受けました。50人の定員に1000人ほどの応募ですから、20倍の倍率を通過して入学したことになります。

でも私は根っからの引っ込み思案で、学校で写真を撮るときはいつも友だちの陰に隠れる方でした。だから、まずこの性格を直そうと考えました。

　当時、通学に利用していた京王線の電車のなかで「私は俳優を目指しています。これから詩を読みますから、聞いてください」と大きな声を出して詩を読んでいました。電車に乗っている人は眠いでしょうから、「うるさい」とか言われましたが、それを半年くらい続けたら、引っ込み思案な性格は直りましたよ。

妻イトさんを送る野焼きのシーン

仲代さんにとって映画とは何ですか？

仲代：映画はエンターテインメントだし、娯楽ですけども、映画を通じて「啓蒙する」ことも大事だと思うんですよ。

　かつて黒澤明監督は「映画は啓蒙するものだ。俺自身も啓蒙するし、そう伝えたいと思う。だが観客がわからなければ、ついてこなくてもいい」とまで言っていましたが、その通りだと思います。

　この映画には見る人を啓蒙しようという意志がある。それはおそらく稲塚監督が権次郎さんが生きた時代や権次郎さんの生涯を研究して、考え抜いた末のものなんじゃないかと思いますが……。

　私が長年続けてきた舞台は、「抵抗」の歴史ですね。戦前の新劇の舞台では「自由」という言葉を言えなかった。国家権力の見張り役が、客席に陣取って睨みをきかせていますからね。「自由」というセリフのところに来ると「口パク」にして、お客さんにも印象強く表現したという話も聞きました。

　映画や舞台を通じて啓蒙したり抵抗を続けてきたことが、戦後70年の間、日本人が戦争に出ることもなく、戦争で一人も殺したり、殺されたりしていない、そういう希有な歴史を支えてきたんではないかと思います。

無名塾は今年40年を迎えましたが……。

仲代：そうですね。元々妻の恭子《やすこ》は

無名塾の舞台「授業」より

女優でしたから、若い役者に芝居の手ほどきを始めようと考えたんですね。その様子を見ていて、途中から私も参加して、40年が経ちました。

「役者が役者を教えると、いずれ飼い犬に手をかまれることになるぞ」と忠告してくれた人もいましたが、よく続けてこれたと思います。

私は最初から「生涯修行」だと言ってきました。所詮は「需要と供給」ですから、役者も世の中に認められないと生活できない。芝居が上手いから売れるわけでもなくて、不条理な世界ですよね。人気は上がっても、必ず下がるものですから、厄介な商売ですよ(笑)。どの商売も同じだと思いますがね。だから役者は「技」が大事だと言い続けてきました。死ぬまで技を磨いていくしかないと思っています。

それと、無名塾の「無名」には意味が二つあります。

一つは、本当に無名の子が入塾して、礼儀作法、普通に舞台上を歩く、大きな声を出す、かすれた声でも遠くに聞こえるような技術を学ぶ、といった芝居の基本を3年間みっちりやる、ということです。

もう一つは、基礎を学んでから世の中に出て、壁にぶつかった時に「帰り修行」といって稽古場に戻って来ることがあるんですね。だから「無名になったつもりで修行をする」という意味もあるんです。いまもときどき帰り修行がしたいと稽古場に戻ってくる子はいます。売れてしまった子はなかなか戻って来ませんがね(笑)。

南砺市での撮影はいかがでしたか？

仲代：南砺市へは、野焼きの場面を撮影しに行きました。撮影場所は広い田圃が見渡せる高台にあって、まわりは森でした。ああ、昔はこういう場所で村の人びとに埋葬されて、人は天国に召されたんだな、と思いましたね。

妻のイトを送るときにまわりに立っていた人たちは、てっきり役者だと思っていました。でも後で聞くと、村の〝普通の人びと〟だったんですね。素人には叶わないな、と感じました。皆さん、立っているだけで存在感があるんですよ。大変失礼ですが、面構え、たたずまいが、この地に合っているんです(笑)。

当たり前ですよね。この地で生きて、少なくとも60年以上暮らしているわけですから。自然と風土のなかで長い間過ごしているんですから……。風景にしっくり合うというと、何を言っているんだと思われがちですが、とにかく立っているだけで存在感があるんです。

役者になってみないとわからないでしょうが、役をいただいて、セリフを覚えて、舞台に立つというのは、やはりその役の、その人物の存在感をどう表現するかにかかっているんですね。村の皆さんには感服しました。

この映画では、地元の方々に大変なご協力をいただきました。ホテルと撮影現場の送迎、ロケの食事の手配、そして「消え物」といって劇のなかでいただく食べ物まで、すべて丁寧に用意してくださいました。

最後に一人で囲炉裏端で食事をする場面がありますが、たくあんが美味しかった。パリパリと噛む音がいいからと、監督からは「何度も食べてください」と言われたのですが、映画のラストシーン近くで、私が噛むたくあんの音がいい感じを出しています。

そして何より権次郎さんの故郷ですから、お米が美味しい。食事はいつも満足させていただきました。

ロケ地で印象に残ったところはどこですか？

仲代：南砺市の城端町は日本一の風景だと思いました。山々が連なっていて、平野と畑のバランスが良く、家々が素晴らしい。昔ながらの土塀で瓦の屋根、家のまわりには木、林が囲んでいる風景。撮影は6月でしたから、雪が積もるころは体験していませんが、きっと冬は雪深い里で、風から家を守る仕組みだな、と感じました。

無名塾の芝居で、毎年北陸能登（七尾市、能登演劇堂）に通っているのですが、そこと同じくらい南砺市、城端の風景はすごいと思います。山並みと平野と小さな森、そのなかに家がある絵がいまでも瞼に焼き付いていますが、素晴らしいところです。

私は都会で育ち、暮らしてきましたから、ああいうところに住んでみたいという願望がとても強くありますね。いま82歳で、役者は85歳までと決めているので、あと3年くらいですかね。役者を引退したら、余生を送る場所として、この地に住んでみたいと思います。

インタビュアー：高野由邦（北日本新聞社）
構成：稲塚秀孝

6

出演者からのメッセージ

仲代達矢

僕自身、権次郎さんを初めて知りましたが、世界的飢饉を救った偉人の存在を世に知らせなきゃいけないと思いました。エキストラ出演してくださった地元の人たちに大変感謝しています。皆さん、立っているだけで存在感があるんです。あと何といっても景色が素晴らしかった。とくに山を借景に田畑が広がっている城端の風景には感動しました。85歳ぐらいまで役者を続けたいと思っていますが、もし元気だったら、あいうところで余生を過ごせたらと思います。

松崎謙二

監督から権次郎さんのことを映画にする企画があると聞いたとき、「育種・品種改良の偉人」とか「農の神」と言われてもまったくピンときませんでした。その後権次郎さんが果たした業績の大きさと、育種に懸ける執念ともいうべき情熱を知りました。また権次郎まつりに参加して、地元の方々にいかに愛されてきたかを目の当たりにし、監督が映画にしたい気持ちがわかった気がしましたし、同時に素敵な映画になる予感がしました。演じるにあたっては、権次郎さんが残した膨大な日記と千田篤さんが書かれた本を頼りにしました。しかし、僕が演じた権次郎さんの青年〜中年期を知る人はほとんどいらっしゃらないので、イメージを膨らませ、監督と話し合いながら、自由にやらせていただいたと思います。この映画は単に権次郎さんの業績を表す映画ではありません。愛、情熱、友情そして戦争、人間に関わる多くのテーマがそこにあります。権次郎さんはいつも正面から、逃げることなく、粘り強く向き合っていたと思います。まっすぐに生きた権次郎さんの生涯を感じていただければと思います。

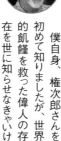

舞川あいく

初めて南砺市のロケ地を訪ねたとき、いままで見たことのない田んぼや山々の自然に、写真を撮ることを忘れて魅せられました。本当に素晴らしいです。撮影で訪ねたインドの小麦畑も、権次郎さんの小麦がここにも生かされていると思うと、とても嬉しくなりました。

野村真美

初めての富山県・南砺市での滞在でした。大きな空と大地。温かな地元の方々との交流。大自然溢れるなかでの撮影で、生涯忘れることができないほどの思い出を胸に刻むことができました。その思いとともに、この作品が世界に羽ばたくことを願います。この作品に出逢えたことに感謝しています。またいつか南砺市に帰ってきたいと思っています。

益岡 徹

稲塚権次郎と生涯にわたる親友、羽田武の役を演じました。撮影した五箇山の山肌と合掌造りは思い出深いものがあります。生真面目で頑固な権次郎のよき理解者として、きっとお互いにないものを埋め合わせていただろうと思います。

藤田弓子

農の神様の少年時代の場面などは、権次郎の出生地である南砺市で撮影されました。生家前の畑には、いまも小麦農林10号が美しく実っていて……感動です。晩年を演じられた仲代達矢さんにご挨拶申し上げることができました。「お母さん」と呼んで笑いかけていただき、演劇の神様との対面にも大感動いたしました。

森 恵

台本を読み終えたとき、物語の感動とともに、不思議なご縁を感じて胸がいっぱいでした。私の姉は大学時代、農学部でまさに植物の研究をしていて、就職先でも作物の研究・開発などをしていました。そしていまは別の勉強のため、インドに行っています。そう、この映画の冒頭に登場するインドです。だから台本を手にしたとき、姉の曲を書いているような気分になりました。台本を読み終えてすぐ姉に連絡してインドのいろんな写真を送ってもらい、映画のイメージを膨らませていきました。また、私の生まれ育った街も畑や田んぼに囲まれていたので、その風景を思い出しながら曲の制作をしました。映画の主題歌を書き下ろさせていただいたのは初めてですが、たくさんのご縁のなかで作ることができ、私にとっても思い入れの深い楽曲になりました。この歌が映画とともに、皆さまの心に寄り添うことができれば幸いです。

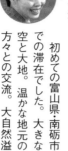

人物相関図（主な登場人物）

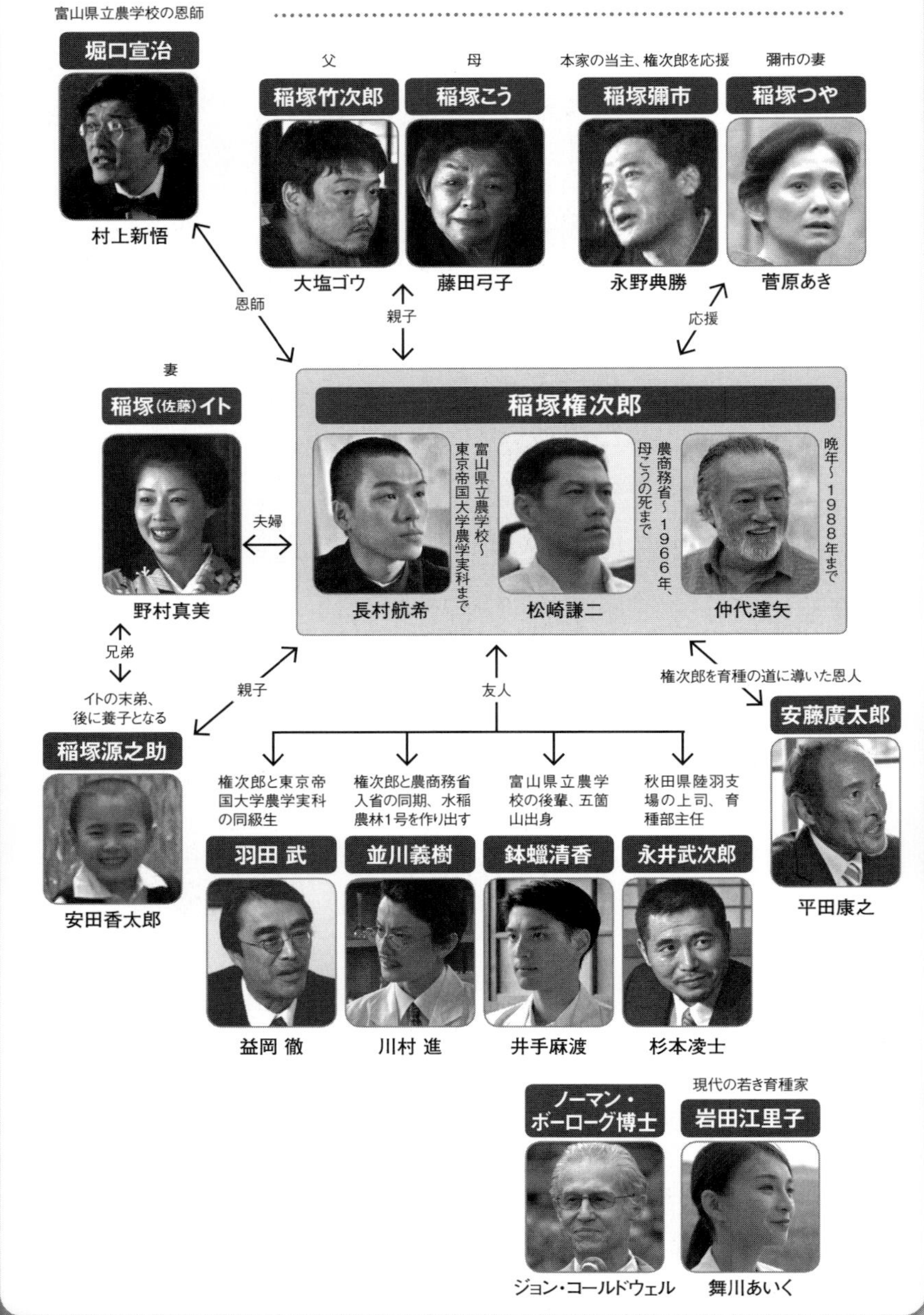

7 撮影日記

映画「NORIN TEN～稲塚権次郎物語」のロケ地は、富山県南砺市、富山市、茨城県大子町、北海道江別市、苫小牧市、そしてインドと多岐に渡りました。

①富山県南砺市、富山市（2014年6月3日～14日）

映画のメインのシーンは、富山県南砺市で撮影しました。南砺市の皆さんが映画の撮影に参加するのは今回が初めてです。

前年から映画を支援するための組織作りが行われ、2014年4月には映画「稲塚権次郎物語」を支える会（松本久介会長）が結成。その後2カ月間かけて入念にロケハンと打ち合わせが行われました。最初に取り組んだのはエキストラ募集です。とくに大がかりな準備が必要なシーンは二つありました。

一つ目は「祝言」。

主人公の稲塚権次郎さんと秋田出身の佐藤イトさんが、故郷西明（城端町西明）で祝言を挙げたという設定です。

地元の方々に広く呼びかけて、男性は紋付、羽織袴、女性は留袖をそれぞれ持参していただける方を30名募集しました。

撮影当日は、事前に衣装をチェックしたうえで、五箇山にある合掌造りの竹中家（現在南砺市が管理）に集合しました。秋田から迎えるお嫁さんということで、秋田の民謡「長持歌」を唄っていただける方にも参加していただき、当時の雰囲気が伝わるお祝いの場面となりました。

昭和40年代までの祝言は、ときに3日3晩も続いて行なわれたといいます。

二つ目は「野焼き」。

いまはもちろん「野焼き」は行なわれていませんが、40年ほど前まで、この地区の埋葬は高台の野原で行なわれていました。四角に組まれた材木の上に、亡骸を納めた木製のお棺を置いて、火を放つのです。

今回の映画ではぜひ「野焼き」を撮影したいとお願いして、たくさんの方に協力していただきました。

まず、葬儀場の社長にすべての監修を受けて、場所選び、お棺の準備、飾りものの準備、葬列の衣装や人の配置を打ち合わせました。

当日は相倉集落（世界遺産）の一軒を権次郎さんの生家に見立てて、母

こうさんを送る葬列を数カ所で撮影し、野焼きを行なう高台に着きました。現場にはもしもの場合を考慮して、地元の消防署の方にも立ち会っていただきました。

続いて、同じ場所で妻イトさんの「野焼き」も撮影しました。つまり半日の間に、お二人を浄土へ送ることになったのです。

撮影が終わると田圃の向こうは夕焼けになり、とてもきれいな映像となりました。

私が10歳くらいのとき、実際に祖父彌市の埋葬に立ち会うことがありました。親戚縁者と村の人びとが協力し、実に手際よくお棺を運び、火を放ちます。火がついたことを確認すると、見張りの方を残して全員が自宅に戻ります。大人はお酒を飲みながら、亡くなった祖父を偲ぶ会が行なわれました。

詳しい時間は覚えていませんが、3〜4時間経って日が陰り始めたころ、再び高台に出かけ、祖父のお骨を拾いました。数時間のうちに浄土に還ってゆくのだと説明されました。あのときの住職の読経とたなびく煙は、いまでも胸に焼き付いています。人の死に立ち会うというのはこういうこと、こういう気持ちなのだと知った瞬間でした。

当時の光景を思い出しながら、無事撮影できたことに感謝し、私は夕陽に向かって手を合わせました。

場所を移して富山市では、権次郎とイトが初めて出会う場面を撮影しました。撮影にお借りしたのは「浮田家」。部屋数、数十という豪農民家で、富山市が管理しています。

箏を弾くイトさんと仲間が集まっている鈴木準之助宅という設定で、上司・永井が権次郎さんに「謡」の心を伝えようと連れて来ます。

20代後半の権次郎さんは松崎謙二さん、20代前半のイトさんは野村真美さん。お二人は初々しい表情で、お似合いのカップル誕生の場面ができました。

富山市中心部の電気ビルは戦前から残る建物ですが、ここではノーマン・ボーローグ博士と権次郎さんとが初めて対面する場面を撮影しました。この日はボーローグ博士の講演とパーティーの場面も撮影するため、100人を超すエキストラの皆さんに集まっていただきました。天井が高く、シャンデリアが輝くホールは、とても厳粛な気持ちにしてくれました。

稲と小麦の育種を取り上げた本作品だけに、食事をするシーンを多く作りました。

祝言のほか、権次郎さん宅での食

事のシーンは、ほとんど南砺市で撮影しました。「消え物」と呼ぶ料理を何セットも準備（撮影でNGが出ることを考え、3～4食分を用意）していただき、携わってくださった皆様には感謝しております。夜遅くまで、メニューを研究していただきました。

②茨城県大子町（6月23日～30日）

茨城県大子町では、権次郎さんが育種を行った秋田県大曲と岩手県盛岡の二つの農事試験場の場面を撮影しました。

廃校になった二つの小学校が奇跡的に保存されていたので、お借りしました。

そこから車で5分ほどの場所にある茨城県立大子清流高校の先生方には、さまざまな資材をお借りするなどご協力いただき、とても感謝しております。

この映画においてとても大切な場面の一つに、育種のシーンがあります。

ある種のおしべを、もう一つの種のめしべにこすりつけることで交配するのですが、その一連の流れを清流高校、芦野倉農場内の温室をお借りして撮影しました。

クローズアップする場面については、稲は茨城県と富山県の農事試験場、小麦は北海道長沼町で撮影させていただきました。

③北海道江別市、苫小牧市（7月15日～18日）

いま日本の小麦の自給率は14％ですが、そのうち70％が北海道で生育されています。

なかでも北海道江別で育てられている「ハルユタカ」や「春よ恋」は、権次郎さんが1935（昭和10）年に育種した小麦農林10号の3～4代後継種です。

小麦は秋に播く小麦と春に播く小麦の2種類がありますが、撮影にあたって、秋播きと春播きの両方を一度に見ることができる場所を探しました。

札幌から小一時間離れた江別の小麦畑は7月がベストシーズンで、黄金色と青々と育った小麦が共存していました。今回初めて女優に挑戦した舞川あいくさんが、小麦畑を歩く、若き育種家を演じました。

権次郎さんが見渡す限りの小麦畑に立つシーンを撮影したのは、北海道の南、苫小牧市のそば安平町でした。文字通り日本一の小麦畑です。素晴らしい光景でした。

権次郎さんは1938（昭和13）年に中国・華北産業科学研究所に異動

しますが、その場面も北海道で撮影しました。

広大な中国の研究所ではまず視察することから始まったということで、地元の馬を借り、勇払原野を馬に乗って見て回る場面を撮影しました。この場所は数年前「のぼうの城」を撮影した場所でもあります。

④富山県南砺市、秋（11月2日〜11月5日）、**冬**（2015年1月31日〜2月4日）

南砺の自然、その四季を撮影しようと考え、秋と冬に撮影に出かけました。新たに付け加えたシーンもあります。

冬の世界遺産の里、相倉集落や南砺の山々の映像には素晴らしいものがありました。この映画の大きな特色となっています。

⑤インド（2月20日〜24日）

映画の始まりはインド・デリーです。この国で根づいた権次郎さんの小麦「NORIN TEN」を表そうと思い、2泊5日の弾丸撮影ツアーを敢行しました。

小麦畑は、インドール地域にありました。予定よりも南に下り、撮影当日の気温は35度。地元のクレーンスタッフが、前日の夜に10時間かけて駆けつけてくれたと聞き、感激しました。

インドは映画の都があり、映画産業が活気づいていると聞いていましたが、じっくり映画関係者と話す間もなく残念でした。

実在するインド農業調査研究所で撮影できたことは、大変名誉なことと思いました。（稲塚秀孝）

◆キャスト
仲代達矢
松崎謙二／野村真美
藤田弓子／舞川あいく／益岡 徹
長村航希／村上新悟／神林茂典／平田康之
本郷 弦／鎌倉太郎／川村 進／鈴木 豊
平井真軌／大塩ゴウ／加藤裕人／仲田育史
森石晃司／坪内守／円地晶子／渡辺 翔
井手麻渡／南 千尋／おおらいやすこ
吉田道広／別所 晋／鷹野梨恵子
前田倫良／安田香太郎／白鳥雄介
佐藤亮太／谷井政夫／菅原清美／島 拓也
飯野愛希子／中山 研／杉本凌士／早川純一
永野典勝／菅原あき／小宮久美子
浜口タカシ／山下明人／ジョン・コールドウエル
Vaseem Ahmad Dehlvi

◆スタッフ
企画・プロデュース：稲塚秀孝
プロデューサー：吉川愛美
映像監督：中堀正夫
音響監督：菊池正嗣
撮影：三浦貴広
照明：笹川 満
録音：内田丈也
編集：矢船陽介
美術：木村光之
装飾：飛島洋一
衣装：村島恵子
ヘアメイク：鷲田和樹／新井みどり
調査：野崎 忍
宣伝担当：寺田のり子
ウェブ・クリエーター：染宮香絵
選曲：塚田益章
音響効果：壁谷貴弘
整音：亀山貴之
ダビングスタジオエンジニア：板橋聖志
レコーディングエンジニア：菅原恭史
カラーグレーディング：鳥海重幸
デジタルオプチカル：戸部直人
デジタルシネママスタリング：浅井恵衣／杉山実穂
タイトル：津田輝王 関口里織
題字：山根美幸
助監督：加藤 毅
制作担当：橋本昌幸
音楽：P・P・M 林 久美子
主題歌：ユメオイビト
作詞・曲：森 恵／cutting edge
プロデューサー：河野 圭／太田 守／高橋 環
主題歌コーディネーター：堀 英樹／木村憲一郎／
小林弘幸／炭谷良一

◆映画「NORIN TEN～稲塚権次郎物語」製作委員会
映画「稲塚権次郎物語」を支える会会長
松本久介
株式会社北日本新聞社
株式会社キャリアマッチングシステム富山
松本結子
株式会社バーニングプロダクション
周防郁雄
エイベックス・ミュージック・クリエイティヴ株式会社
堀 英樹 木村憲一郎 炭谷良一
株式会社愛企画
吉川愛美
株式会社タキオンジャパン（幹事社）
稲塚秀孝

◆後援
富山県 南砺市

◆特別協賛
北日本放送株式会社／プランダス株式会社
ANA全日空富山支店／株式会社ナラ工業
金沢・東京リエコーポレーション／上田利恵
藤田 照／染宮香絵／深江今朝夫
大野株式会社／長島梱包株式会社
江別市民有志の会

◆特別協力
無名塾／株式会社仕事
田中幹夫／松本久介／中森俊夫／稲塚嘉輝
稲塚 誠／稲塚泰明／稲塚幸子／橋場光昭
細川 哲／野松利臣／早川悦充／福島孝浩
南砺市経済産業部交流観光まちづくり課
一般社団法人南砺市観光協会
富山県観光・地域振興局観光課
となみ衛星通信テレビ
大森浩一／奈良利彦／小馬谷勤／萬谷 亨

◆**参考文献**

『世界の食糧危機を救った男～稲塚権次郎の生涯』千田 篤著 家の光協会刊

◆**挿入歌**

こきりこ節

富山県五箇山民謡、唄：林道美有紀

都山流尺八外曲集成

八橋検校：作曲、箏：菊屋和子、尺八：山本邦山（ビクターエンタテインメント）

邦楽全曲集第三箏曲より「千鳥」

吉沢検校：作曲、箏：富山清琴（日本コロムビア）

NHKラジオ体操 かんぽ生命

服部 正：作曲（ユニバーサルミュージックジャパン）

撮影助手：本多絵夢／穴田香織／浜田俊介
富田大貴
照明助手：塙 秀彦／町田真祐
録音助手：郡 一生
メイク助手：島田幸代／長澤大地
衣装助手：大平みゆき
着付：橋場恵子
美術助手：中居 崇／堀江庸介
車両：中村 哲／坂本和弘
方言指導：（富山弁）長田久美／杉本慎介
（秋田弁）齊藤美華子
謡指導：山下明人／大坪喜美雄
箏・所作指導：篠原俊栄／黒川真理
尺八指導：杉本 清
囲碁指導：西坂英嗣
監督助手：岡田真樹／富永涼介
調査担当：根来康介／白石唯久美

◆**出演協力**

生田長三郎／長島幸彦／下田高信／寺西雅典／森下登志美／池田佳子／城端中学校野球部の皆さん／廣島正光／高倉甚作／俵信一／中川保之／鏡山英雄／田中勇孝／松田勝治／中盛英悟／永井康子／石田清子／西原由美子／架田悦子／樋口一夫／高瀬見加子／勇崎 晃／神田 清／中川 進／大橋亮輔／朝日勝彦／高田秀雄／山田 厚／松林四郎／南 好子／古澤喜美／金田千恵子／水上成雄／山邉美嗣／今井 隆／山田八司／松本裕吉／湯浅健一／高田良太郎／坂下明雄／高田喜一／田辺章子／高田喜代美／石尾すみ子／宮田よしみ／石尾一夫／石尾喜一郎／中島 實／山田良夫／松本健三／畠山清市／細川 哲／竹下美由紀／中谷有秀／中野昌子／谷崎千草／谷崎鈴菜／嶋 浩希／嶋 麗奈／早川悦充／稲塚麻衣／稲塚音羽／稲塚拓実／松本久介／松本かなえ／松本みさき／稲塚大祐／舛方みや／俵 みどり／俵 麗子／増田麗子／盛田真奈美／松長秀治／小原耕造／岩崎富雄／上田利恵／香椎みのり／川田実生／斎藤美華子／税光信作／増田邦夫／藤渡久義／山田恵子／徳田清信／俵 秋雄／富田由明／永井友一／村田信雄／早川元雄／中嶋喜代志／谷崎 猛／前田達夫／北井秋子／村田あき子／桧木田保夫／傍田良明／徳田節子／近川初代／前田康久／重共 聡／橋場恵子／佐藤律子／税光澄子／稲塚久美恵／中屋正人／山本 清／伊川義夫／橋場光昭／橋場護／伊川政友／八谷久夫／干場斉一／松崎重義／中島 映／廣瀬彩音／徳田功武／徳田瑠南／山田妃織／佐々木開成／稲塚幸雄／中森俊夫／松田真奈美／廣瀬奈保美／山口二正／田原政信／田原みち代／梅原雅美／堀田和子／今井優子／今井久子／藤盛明子／中川勝代／城端小学校6年生の皆さん／下野純平／八谷重吉／青木龍也／油木俊秀／岩城泰丈／大道 進／黒川洋二／川邊秀覇／黒崎 亨／駒見良平／佐々信正／舘 孝史／土井康浩／南雲俊吉／林 邦夫／日俣修次／平井修一／古谷英稔／青山智子／宮田和郎／茗村 剛／山岸 修／池田雅子／磯崎多津子／伊多智美／川口あかね／久世愛子／児玉裕美／内藤由佳里／永井茂美／平井真由美／平井理恵子／藤久尚子／永井紀子／金山泰子／小澤豊美／土屋睦子／土地貴美／大森浩一／岡村賢一／青山まさし／小沼こういち／増山 功／渡部和則／堀田芳秀／いとうたかし／田村英明／野村通洋／稲瀬新吾／石井和彦／黒澤祥平／たけうちよしひろ／田中功／川口美穂／庄野美由紀／寺沢良雄／瑞木達也／小井塚希美子／鈴木張司／鈴木春信／池田 剛／松沢秀明／松峯ルミ子／永井生／宮内マサ子／鴨川南小町のみなさん／村木華子／鷹野静香／田中陶太／丹羽恵介

／佐藤史明／田澤 優／鶴見栄晋／岡村喬士
／安藤伸一郎／平山淳一

◆資料提供

岩手日報／米国公文書館／山端庸介

◆ロケーション協力

富山県ロケーションサービス／富山市フィルムコミッション／南砺市フィルムコミッション／いばらきフィルムコミッション／大子町フィルムコミッション／苫小牧市フィルムコミッション／厳浄閣／富山県立南砺福野高校／和田カメラ店／浄円寺／城端新明宮 富山電気ビルディング／立山酒造／喜知屋／トミイ写真館／桜ヶ池クアガーデン／万水閣／寿司恵／松井機業／城端醤油／公益財団法人世界遺産相倉合掌造り集落保存財団／民宿長ヨ門／世界遺産相倉合掌造り集落／一般財団法人五箇山合掌の里／税光詩子／堀田かおる／堀田蘭子／谷崎啓子／新谷 紫／帰山英治／中盛英悟／林道営農／もりやま洋装店／林道温泉観光荘／石田 真／南砺警察署／南砺消防署／南砺市消防団第４分団／小麦農林10号を守る会／市田邸／特定非営利活動法人たいとう歴史都市研究会(菅原 章)／ジェイアール東日本企画／矢口書店／上野桜木会館／上岡小学校跡地保存の会(菊池輝雄)／初原ぽっちの学校／割烹仙石／玉屋旅館／旅館本田屋／La butte boisee／リバーサイド奥久慈福寿荘／株式会社苫東／茨城県立大子清流高校芦之倉農場／八幡農場／農業組合法人勝部農場／翔馬館

◆協力

東宝芸能／劇団男魂／エム・ケー・ツー／パール／テアトルアカデミー／ジョイント・オフィス／プランダス／劇団すばる／山内敬二／泉 順太朗／田村昭博(ヴァイオリン) 横山 桂(チェロ)／岩永 勝／星野誉夫／大野豊仁／中 敦史／西尾敏彦／富田洋之亮／高瀬聖吾

◆配給

アークエンタテインメント／坂上直行／寺尾龍一郎／丸山未希／木原佑輔／山崎園子

◆ポスター・チラシデザイン

中 秀雄デザイン事務所

◆インド

制作協力：KMAインターフェース
制作コーディネーター：井上昇宗／牧 剛史
撮影スタッフ：鈴木一朗／伊藤 元
ラインコーディネーター：Jyotsuna Swaroop Neelima Goel
技術アシスタント：Rahul negi
ヘア&メイクアップ：Chanda Adhikari
グリップ：Ritesh J Pandya,Sanju
車両：Sai Enterprises,delhi Arjun,Babulal Patel,Indore
技術サポート：Flamingo Films,New Derhi JK Studios,Bhopal
撮影協力:Professor L. P.Singh Indian Aguricultural Research institute,New Delhi Mr Bansi Dhar Chaudhary,indore

◆技術協力

イメージランド／阿吽／小輝日文／イマジカ／コダイグループ／スポット／バスク／ウインクツー／ラックプロ／富山県農林水産総合技術センター／茨城県農業総合センター／ホクレン農業総合研究所／前川電設 新興電気／白旗電機／長田組／フリーマーケット／つくばね建設／映音空間

◆美術協力

オリンパス／おかもと技粧／高津美術装飾／日本大正村／加藤建材／千場斉一／稲塚幸雄／アイカホール／山根モータース／三笑楽酒造／横浜技能会館／南 信一郎／ビッグウッド／ノーザンパーク／阿部亀治翁顕彰会／宮寒梅・寒梅酒造／余目町農業協同組合／農研機構東北農業研究センター／石田自動車板金塗装工業

◆映画「稲塚権次郎物語」を応援してくださった皆さま

蓑谷地区稲塚権次郎物語を支える会：橋場光昭／南砺市議会の皆さん／南砺商工会／南山田地区自治振興会：勇崎 晃／蓑谷地区自治振興会：村田信雄／城端地域自治振興会協議会：松本久介／川田工業：川田忠裕／なんと農業協同組合：上田憲仁／松嶋重信／竹下宏子／上坂順子／岩田忠正／西村亮彦／山口泰弘／水上成雄／山下裕義／山本哲也／米田 聡／原田 司／久藤弘之／中嶋 實／松本篤治／松本久介／細川哲／沖田光弘／山下 博／浅井久雄／稲塚泰明／梅原証真／早川彰一／近川 進／徳田徳栄／中島

公毅／永井正夫／田原政信／杉本絹江／北井操一
／廣島喜代志／永井久雄／山田一男／廣島正光／
永井辰男／瀬川康裕／堀川百正／早川智志／杉
本 茂／鶴見俊一／永井幸一／近川俊夫／山田妙子
／中嶋一夫／早川多計志／鷲尾みよ／中川保之／
庄田清志／鶴見洋子／徳田清信／佐々木克之／
鶴見龍夫／富田好星／永井雪枝／永井則平／長
尾益勇／中屋正人／佐々木晃次／田原邦司／山
崎粂雄／北崎利夫／富田由明／北川 勲／高桑康
彰／佐々木敏明／俵 喜代治／今井健一／水口俊弘
／税光友昭／池田禎子／今井一滋／村田信雄／税
光信作／近川健蔵／平田忠詞／徳田哲男／佐々
木俊子／池川 弘／平田肇一／佐々木寛治／中川慎
一／近川秋雄／俵 正弘／柳丸佑二／中川正光／
広田 修／近川幸政／吉田絹子／近川明夫／俵 嘉
子／俵 秋雄／俵 信一／俵 幸夫／馬瀬清治／北川
誠毅／近川照子／池川宏久／川平朝子／長尾祥
子／永井晴孝／山本俊雄／長尾直次／長尾正吾
／松本和子／高倉甚作／田原悟志／長尾 全／石
田三郎／廣田文義／川平與三郎／永井友一／杉本
孝蔵／橋場光昭／池田外司夫／長尾秋治／長尾
和之／長尾昌之／近川清信／近川 健／富田 實
／山下外志朗／中尾清志／山田清志／池田修一／
池田正男／木戸光作／俵 重博／藤井俊雄／永井
正市／佐々木幸春／池川忠男／山田栄夫／廣田
正次／福島孝浩／稲塚力男／岩崎富男／上田き
み子／得地栄美子／金島英雄／小川良久／南 勝
／小松悦子／千原正美／徳田恵子／富田健二郎
／江頭 輝／竹田 実／安井 洋／八谷久夫／中田
光／橋本和美／橋場恵子／稲塚 仁／橋場 護／

小山富士雄／太田浩史／高田喜一／盛田清光／稲
塚幸雄／和田 操／川田真紀／千原正樹／溝口ゆ
き子／中嶋甚吉／中田 修／岡田良則／岡本正治
／高澤友吉／田中勇孝／矢尾外喜子／西岡義隆
／野田勝彦／大田賢一／太田義光／笹岡良光／川
合友之／下川栄一／中田敏子／松崎良友／松田勝
治／浅井一雄／上田吉雄／佐藤久志／嶋田 敦／
島田誠治／西井佐代子／山本 清／山田孝司／上
田清一郎／金 京徳／谷口栄子／細川弘志／細川
正人／山口二正／中嶋喜代志／吉田俊子／宮本昭
浩／中川君子／中川豊造／西井昌春／迦西賢隆
／岡崎あや子／早川二元雄／藤澤秀雄／宮田 忠／
山道弥生／山本正生／吉森孝志／山口四十八／
今村守一／鏡山英雄／瀬川正人／松崎 實／高倉
靖詞／藤盛憲二／西井きくい／寺口昭夫／堀田義
夫／前田康久／山崎順司／山本正義／伊川政友
／桧木田保夫／斎藤 宏／根井仁一／根井尚一／松
崎重義／嶋 文秋／松崎 勇／重共 聡／松嶋弘子
／伊川義夫／中盛英悟／山口憲子／堀田賢次／
松崎美智子／稲塚嘉輝／堀田 毅／松本房子／和
田恵美子／傍田良明／藤井和子／中森俊夫／帰
山きくい／帰山英治／松本 君／松本 元／松本文
男／中島伊太郎／広瀬 崇／谷野秀雪／藤村春男
／藤沢芳夫／前田節子／柳丸武雄／藤渡久義／
稲塚幸雄／藤沢 将／藤田昭雄／上水友吉／八谷
重吉／藤田武浩／藤井廣行／山田憲次／下黒順
一／下黒喜一／谷田弘志／又葉金一／山田きよの／
弐枚田テリ子／高木理喜夫／長谷川昭一／藤盛久
吉／前田達夫／谷崎 猛／杉本衛門／富田澄雄／
近川友行／徳田与志治／山田健四郎／山田昭仁

／山根モータース／寿司恵／田村萬盛堂／沢田時
計店／鶴見燃料店／西田・中島保険事務所／中川
（株）／石村でんき／城北運送／佛壇のもずみ／
キャリアマッチングシステム富山／TSTテクノ／幸
ずし／城端アルミニウム工業／トナミロイヤルゴルフ
／城端金融協会／西川産業／今井機業場／島田
木材店／ナント生コン／川田ニッテングループ／牧印
刷／みくにや／金田金物店／チューモク／日の出屋
製菓産業／松本建材／ニップン商事金沢支店／つ
くばね建設／浄念寺／福田食品工業／安達建設
／今井ラジオ店／大窪建設／松田外科／ノマツ／
中越興業／前川建設／ホワイト食品工業／東太美
自治振興会／山田地区自治振興会／アグ10／福
野北部自治振興会／福野西部地区協議会／広瀬
舘自治振興会／北陸興産／安居地区自治振興会
／利賀地域自治振興会／太美山自治振興会／細
野鉢伏農産／南山見自治振興会／高瀬西自治振
興会／上平地域自治振興会／蓑谷実践組合／福
野南部自治振興会／北山田自治振興会／高瀬地
区自治振興会／井口地域自治振興会／南蟹谷自
治振興会／平地域自治振興会／権次郎漬本店／
大鋸屋地区区長会／南砺市職員城端会／南砺市
職員部課長会／南砺市産業経済部一同／城端行政
センター一同／

監督・脚本　稲塚秀孝

稲塚秀孝（いなづか・ひでたか）

映像プロデューサー・映画監督
映画「NORIN TEN 〜稲塚権次郎物語」監督・脚本

1950年、北海道生まれ。中央大学文学部哲学科卒。1973年から映像製作会社テレビマンユニオンに参加。「遠くへ行きたい」「オーケストラがやってきた」3時間ドラマ「海は甦える」（仲代達矢主演）などを担当し、主にドキュメンタリー番組を製作する。現在、株式会社タキオンジャパン代表取締役。64歳。
主な記録映画作品：「二重被爆」（2006年）
「二重被爆〜語り部・山口彊の遺言」（2011年）
「フクシマ2011 〜被曝に晒された人々の記録」（2012年）
「書くことの重さ〜作家　佐藤泰志」（2013年）
「仲代達矢"役者"を生きる」（2015年・全国上映中）

編集協力：矢吹紀人・野崎忍・橋本昌幸・北日本新聞社
参考資料：『世界の食糧危機を救った男　稲塚権次郎の生涯』（千田篤著、家の光協会刊、1996年）
本文・カバーデザイン：タナカリカコ（TR.デザインルーム）

NORIN TEN　稲塚権次郎物語
世界を飢えから救った日本人

2015年5月15日　第1刷発行

編 著 者　稲塚秀孝
発 行 者　上野良治
発 行 所　合同出版株式会社
東京都千代田区神田神保町1-44
郵便番号 101-0051
電話 03（3294）3506　FAX 03（3294）3509
URL http://www.godo-shuppan.co.jp/
振替 00180-9-65422
印刷・製本　株式会社シナノ

■刊行図書リストを無料送呈いたします。
■落丁・乱丁の際はお取り換えいたします。

本書を無断で複写・転訳載することは、法律で認められている場合を除き、
著作権及び出版社の権利の侵害になりますので、その場合にはあらかじめ小社あてに許諾を求めてください。

ISBN978-4-7726-1241-8　NDC289　210×135
©INAZUKA Hidetaka, 2015

On behalf of tens of millions,

indeed hundreds of millions of people

around the world for whom

wheat is their staple food,

may I express my deepest appreciation.

Norman Borlaug, Ph.D. 1990